酷威文化

图书 影视

图书在版编目（ＣＩＰ）数据

培养孩子抗挫力的50个游戏 /（澳）戴西·特恩布尔著；张鹿崖译. -- 成都：四川文艺出版社，2024.3
ISBN 978-7-5411-6842-0

Ⅰ. ①培… Ⅱ. ①戴… ②张… Ⅲ. ①儿童教育—家庭教育 Ⅳ. ①G782

中国国家版本馆CIP数据核字(2024)第001132号

著作权合同登记号 图进字：21-2023-267

50 RISKS TO TAKE WITH YOUR KIDS by Daisy Turnbull
First published 2021 by Hardie Grant Books, an imprint of Hardie Grant Publishing.

PEIYANG HAIZI KANGCUOLI DE 50 GE YOUXI
培养孩子抗挫力的50个游戏
[澳]戴西·特恩布尔 著

张鹿崖 译

出 品 人	谭清洁
出版统筹	刘运东
特约监制	王兰颖
责任编辑	范菱薇
特约编辑	姚同香　赵哲安
封面设计	八牛书装设计
责任校对	段　敏

出版发行	四川文艺出版社（成都市锦江区三色路238号）		
网　　址	www.scwys.com		
电　　话	010-85526620		
印　　刷	北京永顺兴望印刷厂		
成品尺寸	145mm×210mm	开　本	32开
印　张	6.75	字　数	108千字
版　次	2024年3月第一版	印　次	2024年3月第一次印刷
书　号	ISBN 978-7-5411-6842-0		
定　价	42.00元		

版权所有·侵权必究。如有质量问题，请与本公司图书销售中心联系更换。010-85526620

[澳] 戴西·特恩布尔 著
张鹿崖 译

50 RISKS TO TAKE WITH YOUR KIDS

培养孩子抗挫力的 50个游戏

四川文艺出版社

戴西·特恩布尔是一名教师，同时还是一位健康规划师。她曾在悉尼的圣凯瑟琳学校任教八年，此前还在多所不同性质的学校系统中任过教，其中包括一所专为有社交障碍行为的儿童开设的特殊学校。在成为老师之前，她曾担任过许多策划类的职务，如交互式广告制作人。戴西还是在"生命热线"工作的一名危机支援咨询师，且已获得资格认证。她是两个孩子的母亲，拥有文学学士和商科学士的双学位、中等教育教学的学士后学位[1]以及神学的硕士学位。她还是一名狂热的钩针编织爱好者和一名差劲的跑步爱好者。

1　学士后学位：澳大利亚学制中介于学士学位和硕士学位之间的文凭，一般为期一年。

献给杰克和爱丽丝,是你们让我成为一位母亲。
看着你们慢慢成长,成为优秀的人,我无比幸福。

目 录

前言

关于成长，我想告诉你的事

愿你成长为优秀的大人 / 12

身体类冒险 / 20

社交类冒险 / 22

品格类冒险 / 24

和孩子一起冒险 / 28

成长的四个关键阶段 / 30

育儿新思路——为父母准备的小冒险

1.把宝宝放在毯子上，走开几分钟 / 42

2.带着宝宝过你的生活 / 46

3.把宝宝交给别人照顾一次 / 48

4.育儿不妨大胆一些 / 52

5.做第一个尝试冒险的家长 / 56

和孩子一起体验的小冒险

6.给孩子自由探索房间的机会 / 60

7.适当接触微生物和细菌 / 62

8.让孩子帮帮你 / 66

9.拼积木 / 68

10.搭建城堡 / 70

11.爬树 / 74

12.给自己找乐子 / 76

13.和成年人交朋友 / 78

14.体验"度假" / 80

15.找零食吃 / 84

16.点一杯宝宝奇诺 / 88

17.挨会儿饿 / 90

18.学习骑自行车 / 92

19.品尝一下输的滋味 / 96

20.爬高脚椅 / 98

21.带着小孩子徒步 / 102

22.打扫自己的房间 / 106

23.偶尔让孩子耍耍脾气 / 108

24.永远地失去一些东西 / 114

25.让宝宝和你一起洗车 / 116

鼓励孩子挑战自我

26.直面尴尬的社交情景 / 120

27.鼓励孩子做一些不擅长的事 / 122

28.向孩子展现自己的弱点 / 124

29.点蜡烛 / 126

30.让孩子去搭配衣服 / 128

31. 明白事情出了岔子 / 132

32. 可以不给孩子买那样东西 / 134

33. 洗衣服时，孩子能做点什么 / 136

34. 来商量晚饭吃点什么 / 138

35. 偶尔也可以不同意他们的想法 / 140

36. 整理书包 / 144

37. 与他人对话 / 146

38. 雕刻肥皂 / 150

39. 让他们准备好单独行动 / 152

40. 养宠物 / 156

41. 让孩子自己走一段路 / 158

42. 坐公交车 / 164

43. 带他们一起下厨 / 166

44. 写封感谢信 / 168

45. 加入体育队 / 174

46. 露营 / 178

47. 做手工 / 182

48. 一起制订旅行计划 / 184

49. 培养有个人边界的孩子 / 186

终极冒险

50. 开诚布公地和孩子谈一谈"风险" / 192

致谢

劳动会强健人的身体，而困难会强健人的心智。

——塞内卡

前言

俗话说，"不入虎穴，焉得虎子"，只有勇于冒险，才有可能打开通往成功的大门。但对孩子们来说，他们每做一次关于冒险的尝试，就能获得以下4个方面的收获：

1. 感受到父母对他们的信任，从而提升自信心。

2. 认识到恐惧这种情绪多半源于自己内心的期望，它并不是一种需要被规避的负面情绪。

3. 学会当事情不尽如人意时该如何应对。

4. 父母的自信心会得到提升，他们会更乐于鼓励、带领家庭去面对更多的挑战，进行更多的冒险。

然而，最为珍贵的则是每完成一项新的活动之后，孩子们可能会收获的快乐和满足感。

戴西写了一本非常重要且具有时效性的书，并在书中鼓励家长们，希望他们能支持适龄的孩子们去进行一些必要的冒险，因为在这个年龄段里，家长能够极大地帮助孩子提高自信心和综合能力。这本书在结构上简明扼要，语言上风趣幽默，而又不缺乏科学和心理学上的依据（当然还有《布鲁伊》[1]）。通过这本书，戴西给家长们提供了一份重要的待办清单，指引孩子们学会勇敢面对挑战，勇敢面对事情可能发展出的不同结果，并通过一次次完成挑战来获得自信心。最重要的是，不论是全家相聚或是各自忙碌，这些冒险活动都能促进家庭生活的健康发展，提升整个家庭的幸福感，同时也能让孩子们充分体验生活带来的起伏和惊喜，不再被电子屏幕或者被自己对失败的恐惧所支配。

因此，我在这里衷心鼓励您和您的家人们去尝试这本书中提供的各种冒险和挑战。我相信，你们一定会享受这个美妙的过程，更会享受它带来的惊人成果。

朱蒂丝·洛克医生
临床心理学家

---

[1] 《布鲁伊》：由澳大利亚广播公司和英国广播公司于2018年联合推出的一部适合学龄前儿童观看的动画片。

关于成长，我想告诉你的事

让孩子像孩子一样生活的时间越久,他们就越能更好地长大成人,这样的说法看似自相矛盾,实则是一句真理。研究表明,越是允许孩子们更多地去玩泥巴、做游戏,去自主寻找各种问题的解决办法,他们越会在日后的生活中茁壮成长。

几年前,我去参加了一位朋友的孩子的洗礼[1],神父当时曾问这对父母,他们希望自己的孩子将来成为怎样的人。此后,我经常想起这个问题,以及与之对应的那些答案。我们希望孩子成为一个善良的人。我们希望他们有独立的思想,有共情能力和恻隐之心:共情能力是指能切身体会到另一个人的情绪;恻隐之心则是在此基础之上,多了一层想帮助他人的欲望,而这欲望又不至于让他人的磨难影响自己的生活。我们希望孩子们有韧性,有自知之明,足智多谋又谦恭有礼,并且终有一天,能作为一名有责任感的成年人去面对这个世界。

但在这一系列的希冀之中,我们掉入了一个陷阱。我们仿佛认为,自己该对孩子一切的优良品质负起最终责任,对他们不那么优良的品质更是如此。千禧一代[2]的孩子(比如我)和我们的上几代人,可不是从小就有父母在边上拿着纸和笔记录KPI[3]的。"好奇心?一大堆。韧性?还

---

1 洗礼:基督教的一种宗教仪式。
2 千禧一代:指出生于20世纪时未成年,在跨入21世纪(即2000年)以后达到成年年龄的一代人。
3 KPI:关键绩效指标。

有提升空间。"恰恰相反，我们的父母给了我们空间去自主学习、培养这些技能和品质。

在过去四十年中，我们的育儿方式发生了巨大的变化。从20世纪80年代开始，我们对父母的期望值一直在稳步上升。"直升机式父母"（"盘旋"在孩子身边，提供过度保护，从而导致孩子丧失独立性）越来越多，"母职内疚"[1]越来越普遍，还有了"职场母亲式内疚"和"全职母亲式内疚"的细致划分。为人父母，尤其是为人母亲所产生的内疚感，似乎比在忏悔室[2]里感悟的还要多。同时，社会对育儿这件事的看法也出现了分歧：一边是维多利亚式的"孩子可以被看见，但绝不能被听见"的育儿哲学，比如父母在与孩子一起乘飞机时，会给其他乘客分发自己提前准备好的耳塞；另一边则认为，孩子就应该像孩子一样生活，父母（和其他的成年人们）则应该调整自己的计划，尽力满足孩子的这一需求。整体来说，我更倾向于第二种主张，但也许我们更应该做的是找到一个中间值，并

---

[1] 母职内疚：总是担心自己作为母亲做得还不够多、不够好而产生的内疚感。
[2] 忏悔室：天主教堂中神父听取忏悔和告罪的地方。

且停止对这类父母的苛责。后来，新冠疫情暴发了，但有些父母仍然将孩子送去学校或者托儿所，这一行为让其他的父母大为震惊。陪伴孩子学习的同时兼顾自己的工作，成为育儿的终极边界。

其实在疫情发生之前，父母们已经开始倾向于规避风险，"直升机式父母"也已不再是一个全新的概念。自己出门玩耍，等到路灯亮起时再回家，这样的童年记忆对我们的祖辈来说是常事，但对于如今二三十岁的年轻人来说，已经十分陌生了。我们这几代人从小就被保护着，我们眼中的世界似乎处处充满风险。虽然真实的风险的确存在，尤其是对于孩子们而言，但是那些适度、适量且可控的"冒险机会"，能极大地帮助孩子成长为一个有韧性、有自信心的人。

"我不得不在下雪天走十五公里才能上学！"

我们都热衷于提醒自己的下一代，他们的生活条件是多么好。我挣扎着想找出，那些在20世纪80年代长大的孩子们，能说出什么和上文相似的宣言：我们不得不等到电台播出自己喜欢的歌，才能在磁带上把它录下来！对于在当今社会环境下成长起来的孩子们来说，未来的忆苦思甜会变得更加困难：也许他们可以说，自己当年只有二十个流媒体平台可供选择？当然，有些童年风险的消失是必需的、正面的。比如说，为保证孩子们在学校里的健康和安全，而采取更严格的监管措施，或是制造更安全的游乐器械，减少事故的发生。但整体来说，社会替孩子们移除了太多天然存在的风险，这也就剥夺了培养他们韧性的机会，所以我们必须再为他们制造一些锻炼的机会。

我在悉尼的一所私立女子学校里担任高中教师，并且是学校健康规划项目的负责人。同时，我还是两个孩子的母亲，我的孩子叫杰克和爱丽丝。我时常觉得，自己在儿童发展、积极心理学和韧性方面的研究是双管齐下、事半功倍的：我在学校里为职业发展而了解到的知识，可以在家庭生活中得到实践，而我在家里和孩子们相处的经历，又能指导我在学校里开展新的活动。因为我是一位母亲，所以更能理解家长们在面对学校时可能遇到的困难；又因为我是一名老师，所以更会对学校和老师们的辛勤工作心存感激。（老师和母亲的双重身份还意味着，不论我以哪个身份工作，都会受到评判，比如当我在操场上告诫孩子们"自己的玩具得自己负责"的时候；再比如听人感叹"你有这么多假期，真好啊"的时候。）每次参加完教学规划会议，我都会给那些同为母亲的朋友们发去一些笔记。

在某一次教学规划会议之后，我和一个朋友开玩笑说："我们需要的是一份清单，罗列出孩子们在进入高中、成年之前必须面对的风险。"那位朋友觉得这个点子很不错，应该被写成一本书。我并不是一名儿童心理学专家，也不是什么培养孩子韧性的大师，但我是一名深谙健康心理学和积极心理学的母亲和老师。在这本书的写作中，我既参考了自己为人父母的亲身经历，也结合了多年以来的教学经验，我教授过的青少年们有着各种不同的背景，他们童年时期的韧性和自我效能[1]程度也大相径庭。

我不是个完美的母亲，我的孩子们也并不完美，他们还在成长过程中，所以我无法准确地告诉你们他们将来会成为怎样的人。但我坚信，作为家长，我们应该培养孩子

---

[1] 自我效能：指个人相信他们具有通过自己的行动使事情发生的能力。

的自主性，让他们变得善良、有好奇心，并具备批判性思维。我们希望孩子们在跌倒时，有能力自己站起来，但又希望他们能明白何时应该寻求帮助、向谁寻求帮助。同时，还希望他们有信心，相信自己能独立解决许多问题。如今，各种精神疾病和焦虑情绪在儿童和青少年群体中愈加普遍，这正体现了以上这些能力的重要性，而培养它们的唯一方法，就是允许孩子们像真正的孩子一样生活，让他们去尝试、去跌倒、去失败。我们爱他们、支持他们，但同时也要相信他们的韧性。在人生这趟旅程中，孩子们远比我们想象的更坚强。

愿你成长为优秀的大人

这本书的名字叫《培养孩子抗挫力的50个游戏》，在接下来的三个板块里，我想着重讲讲书中最重要的三个词语，那就是"冒险""和"，还有"孩子"。

把"冒险"和"孩子"放在一起，似乎并不是一个很好的组合。我们大脑中的前额叶皮质，能帮助我们做出决定、控制情绪，但直到我们二十多岁时，它才会发育完全。（根据最新的研究显示，男性的前额叶皮质直到三十岁才会发育完全！）也就是说，孩子们在二十多岁之前无法像大人一样去评估风险、控制情绪或做出决定。我不是一名神经学家——我甚至无法画出一个像样的大脑——但这本书优秀的插画师画出了右边这幅图。在我们的大脑中，有两个部位控制着我们对风险的承受能力：杏仁核和前额叶皮质。杏仁核是我们的情绪处理中心。如果你曾经与两岁（或者十岁）的小孩相处过，你就会知道，当我们面对压力或者感到心烦意乱时，杏仁核很容易就会出现情

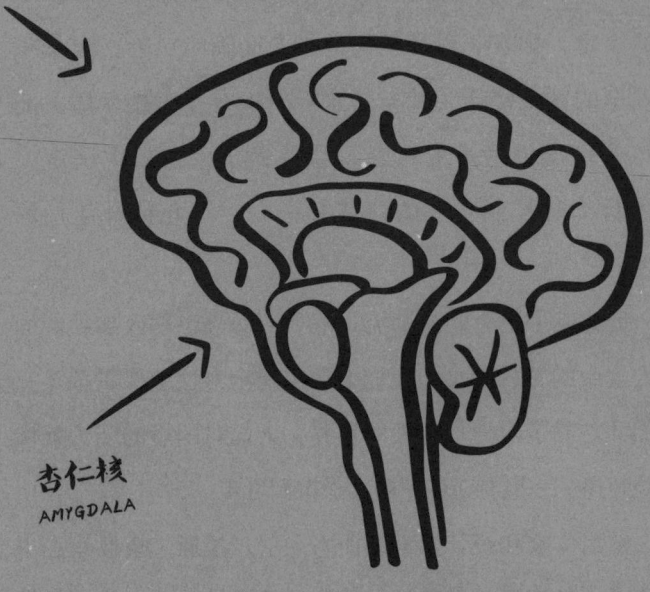

绪过载。

当你情绪激动、杏仁核过载时，你的前额叶皮质就会关闭，令你无法很好地做出决定。

杏仁核和前额叶皮质之间的这种紧密关系十分值得我们重视。你也许会想，既然孩子们无法做出复杂、成熟的决定，那家长最好把控他们会面临的风险。但是相对安全的冒险经历（我知道这听起来有些自相矛盾）能给孩子们提供锻炼的机会，让他们学会在自主决定、自主行动时控制自己的情绪和压力，以此提升他们的韧性。

韧性成了当今的"潮流词汇"，而且也理应如此。面对人生中的各种困难，我们太渴望能全方位地保护孩子，却因此忽略了对他们韧性的培养。人面对困境的能力就像做俯卧撑——只有在练习中才能得到进步。

知名作家和统计学家纳西姆·尼古拉斯·塔勒布在书中表示，他宁愿"做愚钝但具有反脆弱性的人，也不做极其聪明但脆弱的人"。塔勒布谈到了三种特质：脆弱性、韧性和反脆弱性。脆弱的东西很容易破碎，如掉在地板上的玻璃杯；有韧性的东西很容易复原，如（反复）掉在地板上的奶嘴杯；反脆弱性的东西则会因为经历了挫折而变得更坚强——人正需要这种品质。生活中那些不可预知的事情，和我们应对它们时的反应，能逐渐培养我们的反脆弱性。（需要说明的是，我在这里指的是日常的、普通的挫折，而不是严重的创伤。）

但是父母们——尤其是极其聪明而且具有反脆弱性的父母们——常常错误地用自己的聪明和反脆弱性去保护孩子，剥夺了他们"吃一堑，长一智"的机会。这意味着孩子们直到十四岁左右，开始发展出独立的个性之时（有了清晰的自我意识，明白自己是独立于父母和他人的存在。这种意识从幼儿时期就开始形成了，但直到青春期才变得更加明显），都还没有机会去培养、发展这些技能。因此，当代才有那么多二三十岁的人在感叹着"长大成人"的困难。

如果孩子们在成长环境中，既得不到适量、适度的刺激，也没有去冒险的机会，那么他们对于风险的恐惧就会增加，甚至在面对风险时会产生焦虑情绪。心理学家米哈里·契克森米哈创建的"心流"理论，能很好地解释这一观点。如果你正在做的任务既丰富有趣又有挑战性，而且在做的过程中，你的能力也得到了增长，那么你就达到了心流状态，你的注意力会完全集中，如翻看着立体儿童书

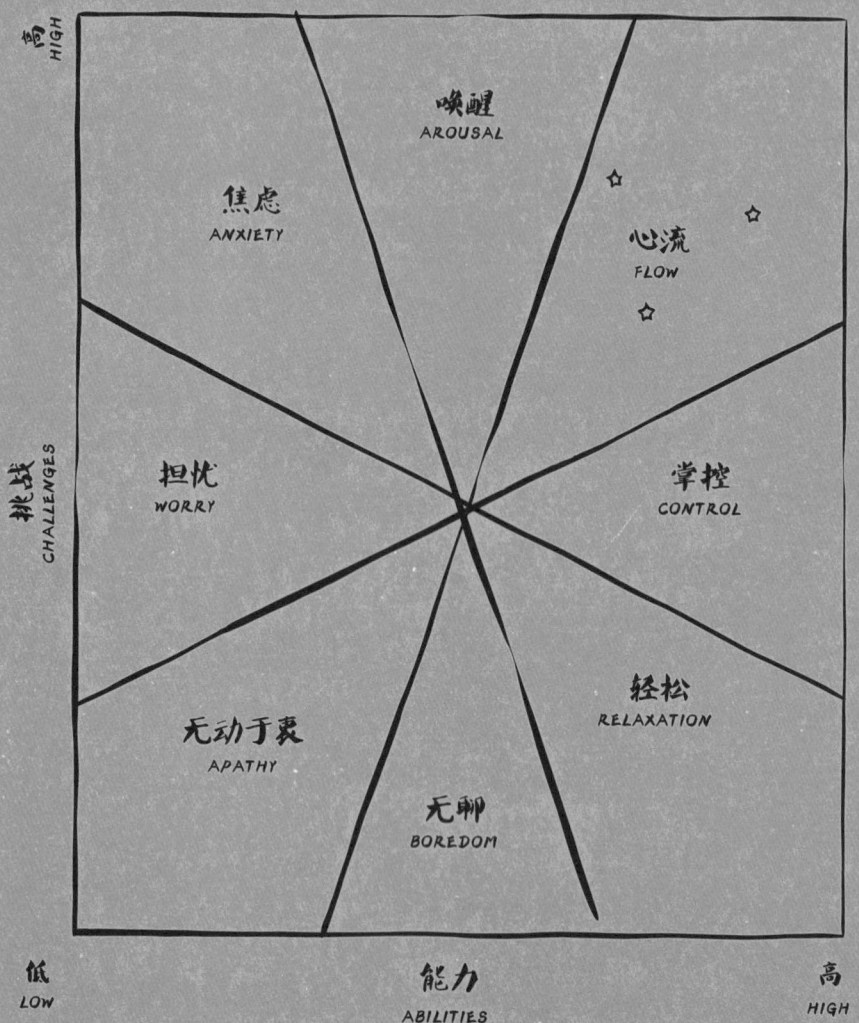

的一岁小孩、敲着玩具鼓的两岁小孩、在花园里翻找石头的三岁小孩。一旦越过心流状态的门槛，任务的困难程度远大于孩子的自信程度，孩子就会产生焦虑情绪。相反，当你的技能远超任务的困难程度，你就会觉得无聊。心流理论并不只适用于孩童时期，也适用于成年生活。不论是在工作和家庭生活中，还是在达成一个特定的目标时，成年人都有机会体验心流状态。而对于孩子们而言，要达到心流状态，就必须冒一些风险，比如有的孩子喜欢在独木桥上锻炼自己保持平衡的能力。

　　本书旨在为父母们提供一些切实可行的建议，帮助孩子们在可控的环境下进行一些冒险活动。这些活动均在理论和实践的基础之上总结而出。希望在本书的指导下，孩子们都能成长为优秀的大人。

　　目前，市面上已经有许多关于韧性和儿童心理学的优秀著作，但我认为我们还缺少一本"指南"性质的书籍，主要着眼于提前预防，而非事后补救。

　　全书围绕着"冒险"这个主题来展开，书中列出的所有冒险活动，都是基于安全、和谐、充满爱的家庭背景条件之上。你也许会觉得有些冒险平平无奇，而有些又过于异想天开。这些冒险活动是为所有家长们准备的，尤其适用于那些操心过度的家长们，因此每位家长都可以根据自己的家庭情况来对这些活动进行适当的调整。

这些冒险活动，有许多会在孩子的生活里自然出现，如果你是偏向"放养"型的家长，也许你已经在鼓励孩子尝试这些活动了。希望这本书能进一步鼓励你和你的孩子去挑战自我，走出自己的舒适圈。

对于那些很不愿意"放养"孩子的家长们来说，这本书能指导你用安全的方法去培养孩子的自主性。莉诺·斯科纳兹是《放养孩子》（Free-range Kids）这本书的作者，她提出了一条"优先最差"的原则：人们总是优先想到事情可能出现的最差结果，尤其是当这件事与孩子有关的时候。你也许经常会想——或者经常被人问起——"如果发生什么糟糕的事，怎么办？"显然，那会十分糟糕。但父母们作为独立的个体，真的要完全依照这一原则行事吗？小概率事件是无法决定我们的生活方式的，不然就不会有人敢开车或者乘坐飞机了。同样地，我们也不能让孩子们习惯如此谨小慎微的生活。如果没有了风险，孩子们怎么学习如何生活呢？正如那句风靡网络的名言所说："你的舒适圈固然美好，但寸草不生。"

本书中罗列的每一个冒险活动，都能培养某种特定的技能，因此我们可以把它们分为三大类：身体类冒险、社交类冒险和品格类冒险。每一个冒险活动都标有对应着这三个种类的图标，你可以以此来分辨某个冒险活动所属的类别。

身体类冒险

孩子们天生就喜欢进行一些身体类的冒险,这是他们学习、成长的一种方式;父母们天生就喜欢保护孩子们免受这类冒险的威胁,觉得这能保证孩子们的健康和安全。而教育的关键就在于如何在这两者之间找到平衡。

对某件事物的接触越多,面对它的恐惧感就会越小。因此,直面那些身体上可能遭受的风险能让孩子们不再害怕身边的世界。孩子们第一次学走路,是很令人担忧的,但他们走得越多,就会越娴熟,走路也就变得不那么可怕了。随着孩子们能力的提高,面临的风险程度也会随之增加,但这是件好事。让风险程度适当高于孩子的能力,能让他们变得更自信、更出色。

2011年,两位瑞典学者在《演化心理学》期刊上发表了他们的研究成果，称"孩子们会不自觉地做一些有风险的游戏"，并探讨了"这些游戏对于缓解恐惧感的种种益处"。这篇论文还指出了一个问题：在看待孩子们进行的这些冒险游戏的问题上，家长们似乎无法冷静地分辨这些游戏的风险程度。轻度的磕碰是在家就可以处理的，只需要一些创可贴、冰敷袋和消毒液。如果受伤严重一些，那就得去医院。

然而，只因为有研究表明94%的孩子在爬树时会受伤，家长们就想当然地把爬树视为一种高危活动。但事实上，爬树造成的伤害中，比擦破皮更严重的只占3%。

如今，我们把孩子在童年时期可能会遭遇到的风险活动全部归为同一类别，认为它们都可能对孩子造成严重的伤害。在进行书中列出的身体类冒险时，孩子们可能会有一些轻微的磕碰，但请父母们备好创可贴，然后放宽心。

社交类冒险

这一类的冒险活动，能培养孩子们的社交技能，帮助他们在未来成为更受欢迎的朋友、更有爱的家人和更优秀的同事。如今，人类社会正在越来越多地往线上发展，我们生活中的各个方面也渐渐被分割成独立的部分。我们似乎可以在某一个环境中为所欲为，而在其他环境中的自己却完全不会受到影响。但如果你能帮助孩子建立一套完整、清晰的为人处世之道，他们就能将其贯彻到未来生活中的方方面面。下文列举了一些值得培养的社交类特质，以供各位父母参考。

自我意识

这是一个听起来简单，培养起来却十分困难的品质。

这个词包含两层意思：第一，有意识地注意自己的言行举止，而不是放任自流、随心所欲；第二，明白自己在与他人的关系中所扮演的角色与所处的地位。

不同视角与共情能力

每个人的工作圈和交际圈里，都有那么一个无法站在别人的角度思考问题的人。改变自己思考问题的角度，是一项需要孩子们去学习的技能。通过社交类的冒险活动，让孩子们学会站在别人的角度思考问题，并且在这个过程中，渐渐培养出自己的共情能力。

尊重和善良

有些冒险活动可能需要孩子们去和自己不认识的人沟通。最起码，我们希望他们能懂得尊重对方，更重要的是，我们想让他们保持善良，并让善良成为一种习惯，成为他们人格的一部分。

品格类冒险

这一类活动能培养孩子的品格，让他们更加强大，更好地面对生活中的挑战。这些冒险活动的理论基础是莉亚·沃特斯教授的"长处为本"家教理论，即利用孩子们的长处和优势来培养他们的品格和身份认同感。

韧性和自律

你可能会觉得奇怪，"韧性"这一词在本书中大概已经出现了十几次，但为什么直到现在才正式登场呢？事实上，所有这些冒险活动，都能在某种程度上提高孩子们的韧性，但有些冒险活动更有针对性，着重于将韧性作为一种品格来培养。培养韧性不是叫人忍气吞声或者学会释怀，它指的是人在经历中学习和成长的能力。我们——尤其是孩子们——可以拥有纳西姆·尼古拉斯·塔勒布所说的"反脆弱性"：在困境面前不仅不会崩溃，还会越来越强大。但另一方面，如果过度地被卷入困境之中，人不仅不会变得更强大，甚至会产生焦虑情绪。因此，我们在培养孩子韧性的同时，也在培养他们自我调节的能力，这可以说是一举两得。

机敏

作家兼心理学家朱蒂丝·洛克医生曾提出，孩子偶尔对父母撒谎其实是一件好事，这表明他们已经萌生出解决问题的能力。如果一个机敏的孩子偷吃了饼干，事后在面对父母的询问时，他会编出一首朗朗上口的歌，把责任推卸给屋子里除自己之外的其他东西。

许多论文和专著都探讨过儿童撒谎带来的影响，但本书提到的"机敏"指的是孩子们认识问题、积极思考、有创造性地找出解决办法的能力。剧透警告：无聊是培养机敏的温床。

责任感

　　小孩子需要承担什么责任呢？这个问题会令许多家长困惑不已。让孩子肩负太多责任会显得家长极不负责，但如果给孩子的责任太少，他们的责任感就得不到足够的培养。提升孩子责任感的核心在于让他们懂得"后果"是什么。如果你对一件事负责，而这件事没有发生或者失败了，那么你就得承担后果。书中的部分冒险活动能够通过适合孩子的方式，逐步提升他们的责任感。

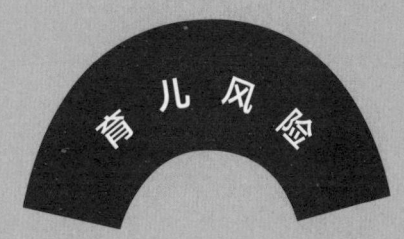

育儿风险

读到此处的你也许是孩子的母亲、父亲、祖父母,甚至可能是孩子的继父母(也许你希望你的子女能像你培养他们那样去培养他们的下一代),不论你是什么身份,这些冒险活动对你来说,也存在一定风险。当然了,这些冒险的主要目的是提升孩子们的能力,但在实施时,依靠的还是你们的行为和决定。作为成年人,"负责任"似乎永远都意味着规避风险,但本书给你提供了一个很好的机会,去重新思考自己和风险之间的关系。

和孩子一起冒险

这些冒险活动需要你和孩子一起完成。这本书写的不是五十件父母该做的事，也不是五十个趁家长不在时孩子们应该独立完成的冒险。我尽可能地选择孩子和家长都能享受的活动，希望这些活动能拉近你和孩子之间的距离，让你们之间的连接更加紧密。

当然了，有些活动需要让孩子独自完成，但做出这个决定的人，仍然是你。同时，这些冒险活动也可以给你一个和孩子们认真沟通的机会，让他们明白为什么有些风险是值得的，为什么过高的风险是有害的。如果下次你的孩子会在乘着冲浪板滑下楼梯之前（当然这只是一个假设）思考一下风险的高低，那么你就成功了。

我衷心希望通过这本书，家长和孩子们能更广泛、深刻地探讨关于风险的一切问题，比如如何面对风险，以及面对它们时我们该怎样做出正确的选择，这是很重要的。这样，等他们长大成人后，就能独立地思考、做出决定，并承担相应的风险。当孩子们在成长中变得越来越独立，为了维持你和他们之间的连接，你必须找到能和他们一起做的活动。相信这本书能给你提供这样的机会。

成长的四个关键阶段

要写一本与孩子们有关,但又不是在探讨孩子们的书,还真有些奇怪。什么是孩子呢?孩子就是儿童,而每个儿童都是不一样的,他们甚至每一年都会发生显著的变化。第一年,你怀里的婴儿仿佛每天都会发生变化,直到有一天早上,你准备去叫你六岁的孩子起床时,才突然发现他们已经快要步入青少年时期了。这是怎么回事呢?

儿童时期并不是一个十八年、十年或者五年的期限,它是由一系列成长阶段组成的,而这些阶段与孩子的年龄有一定的相关性——尽管在有些父母看来,孩子的成长和变化似乎是在一夜之间发生的。

杰克是我的第一个孩子,当他两岁时,我们就不再使用"神奇的飞跃周"了(手机软件,能记录婴儿在出生后二十个月里跳跃式的成长过程),转而开始研读爱利克·埃里克森的生命周期理论。埃里克森是一名发展心理学家，正是他首次提出了"认同危机"的概念。他列出人在心理成长中的八个关键阶段，并指出每一个阶段都存在矛盾：一个概念与另一个概念的冲突。我们成长的过程，也就是在这一系列冲突中寻找出路的过程。在这里，我将着重介绍一下前四个阶段，因为它们包含了本书所关注的年龄段。

爱利克·埃里克森生命周期理论的前四个阶段

出生18个月：信任vs不信任

这种信任来自关怀和照顾的可预测性：你会相信你身边的人，是因为他们会照顾你。这种情况经常发生在婴幼儿与父母或照顾者之间安全的依附关系或身体联系上，这种信任是十分常见的。在合理的培养和发展下，这种信任会转化为希望。反之，信任的缺失则会导致焦虑和恐惧。

18个月-3岁：自主权与羞耻心

这是一个孩子形成自我意识的阶段，因此这本书中提到的许多风险都会集中在这一阶段。当一个孩子没有机会练习自主性时，他们不仅会怀疑自己的能力，还会为不能做事而感到羞愧。

3岁-5岁：主动vs罪恶感

在入学以前，学龄前儿童需要参与有创造性、计划性的活动，并且主动掌控自己与他人的社交，以此来发展他们对于"目的"和"意图"的认识。当他们与幼儿园的朋友们一起发掘出一个简单的游戏时，这种认识就得到发展。如果家长在这个阶段过多地给孩子规定活动的内容，就无法培养他们的主动性，孩子也许会因此变得过于强势（过度展现他们在上一阶段显露出的自我意志），这种强势会让他们产生罪恶感，也会让他们受到惩罚。另外，如果你不尊重孩子日益增长的好奇心，还会让他们对问问题这件事产生罪恶感。

6岁-12岁：勤奋vs自卑

在这个阶段，孩子们的能力开始得到锻炼。此时，父母需要退一步，让孩子自己去尝试、学习新的技能，让他们明白自己还可以完成更有难度的事情。这时候，你不再是一个领导者，而是一个教练，你需要意识到孩子本身拥有的学习和成长的能力。在这个阶段，如果父母不格外注意，就会给孩子的能力、自信心和自尊心造成巨大的影响，而从上高中开始，这三个方面会变得非常重要。

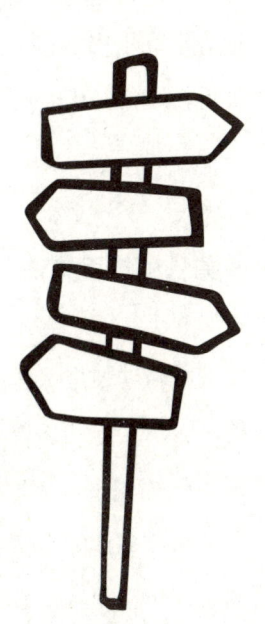

在孩子们不同的成长阶段里，父母应该鼓励孩子去冒险，这能让孩子增强自信心，锻炼他们的自主性，帮助孩子变成一个自信、勤奋、有主见的人。

随着孩子逐渐长大，父母需要及时分辨出孩子成长过程中的不同阶段，因为每一个阶段都是在为下一个阶段打基础，如果等到孩子步入青少年时期才开始培养他们的希望、意志力、目的性和能力，那就太过困难了。作为一名老师，我教过一批又一批的学生，根据我的观察，那些茁壮成长的孩子们，那些成为领头者，或在运动、音乐、辩论等活动上出类拔萃的孩子们，那些真正善良的孩子们，都得益于父母从他们幼年时期就开始的持续培养。

教育性的培养方法：反向计划

反向计划是课程制订者、教育机构和老师们经常用到的一种重要方法。首先，你需要做的是确定学生的终极目标。比如说，一名学生在完成十三年的历史课程学习之后，你希望他能掌握哪些知识和能力？以此倒推，当他完成第十年、第八年、第七年课程的时候，他应该达到什么水平？当你明确了学生的终极目标时，就可以开始制订阶段性的教学计划，来帮助学生完成自己的终极目标。

为人父母也应遵循此理。我们不知道自己的孩子将来会变成什么样子——他们会按照自己的节奏形成自己独立的性格——但如果你能想清楚，当他们长大之后，你希望他们拥有哪些技能，就可以在他们的成长过程中，带领他们一步步走向目标。

就像不断在滚轮上奔跑但无法前行的仓鼠一样，我们也很容易陷入日常生活的重复之中无法自拔。我的一位朋友曾说过这样一句话："每天都很漫长，但一周一眨眼就过去了。"（好吧，这句话其实是我朋友从格雷琴·鲁宾那儿"偷"来的。）我认为其实一周也很漫长，在时间的流逝中，我们有时会渐渐忘记自己对孩子的希冀，忘记在他的成长过程中渐渐培养他的能力，等到日后才想起亡羊补牢时，却已经晚了。

本书所提到的方法主要适用于十岁及十岁以下的孩子们，书中谈到的技能大多需要在青春期之前就开始培养，

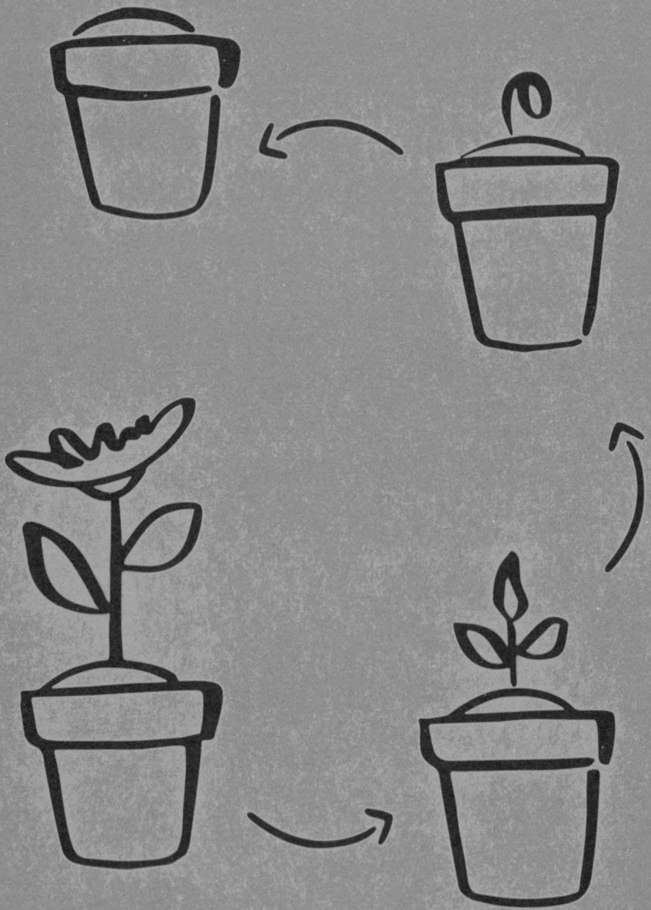

只有这样，才能让孩子们在步入青春期时，有能力分辨什么是"有益的冒险"，什么是"风险过高的冒险"。通常情况下，孩子们或许明白冒险可能会带来的负面影响，但由于前额叶皮质发展不完全，他们多半只会关注到可能发生的正面结果。如果你在他们的成长过程中，早一些让他们接触到生活中的各种风险，引导他们积极地面对和处理这些问题，那么当他们进入青春期时，就能更好地评估这些风险。

书中的这五十个冒险游戏，是根据其适用年龄的阶段来排列的。其中绝大部分都适用于五到十岁的孩子，因为在这个年龄段里，孩子们会越来越渴望独立，行动能力也在逐步增强，也就更有可能独立完成一些事情。你不需要把这本书一页页地从头读到尾（当然我也很欢迎你这么做）。你可以选择阅读适用于自己孩子年龄段的部分，等到一个月或者一两年以后，当你需要了解一些新的活动时，再重新打开这本书。

有些冒险活动可能会让你觉得有点超前，孩子们现在去做这些事情还太早——那就先尝试一下吧！你一定会看到孩子们真正的潜力。

请记住，这本书提供的并不是高强度的短期育儿训练，而是需要经年累月地坚持培养孩子们的技能和品质。同时，孩子们也不需要时刻不停地训练，你只需要巧妙地把这些小游戏融入到日常生活中，用不了多久，它们就会成为你日常育儿的一部分。

这些冒险小游戏能够增强孩子们的自信心、锻炼他们的独立性，也能让孩子们变成更有同情心和责任感的好孩子。希望在看完这本书后，你能收获一些合理又实用的育儿策略，孩子们也都能如你所期待的那样，成长为优秀而杰出的人。

家长的工作，就是让自己不再需要工作。

——乔纳森·海特

育儿新思路——
为父母准备的小冒险

宝宝还没有学会爬或走，需要被抱在怀里的那几个月，是他们最可爱的时候，也是父母最提心吊胆的时候，因为在这段日子里，所有的责任都负担在家长的身上。这是一段非常私密又独特的时光，我没有为这个阶段的孩子准备任何冒险，只是列出了一些父母们可以尝试的小游戏，希望能提供一些网络和其他育儿书籍中没有的新思路。

1. 把宝宝放在毯子上,走开几分钟

当你的孩子尚在襁褓中,不会爬也不会走时,你恨不得像老鹰一样,整天盯着他。因为他们太可爱了,还会发出各种有趣的声音,让你只想时刻待在他们身边。接下来,孩子要经历的第一场冒险,对你自己来说也是一个挑战。在一个安全的地方放一块毯子或毛巾,小心地把孩子放上去,确保周围没有任何危险物品,如乐高积木或浓缩铀[1]。然后走开,但要注意,不要离开太久,几分钟就行,如果你实在不放心,也可以躲在暗处悄悄观察孩子的情况。这个冒险活动看起来也许平平无奇,但它有两个益处:第一,你能拥有一些可以自由支配的时间,尽管很

---

1 浓缩铀:利用核能,制造核武器的原料,具有极强的放射性。

短，但这段宝贵的时间能有效缓解为人父母后的疲惫；第二，这次小小的冒险能让孩子意识到，自己可以短暂地离开爸爸妈妈，独处一会儿。对于刚刚我所说的情况，你只需要观察一下家长们对待自己的第一个孩子和其他孩子的区别，就能明白我刚才这段话的真实性。第一个出生的孩子总是被大人们过度地呵护着，因此习惯了伸手要这要那，而晚一些出生的孩子们则常常要自己替自己操心。

我热衷学术研究，但在这里，我却想引用一段塞斯·梅耶斯[1]在他的单口喜剧《在大厅里出生的孩子》中的一段话。

1　塞斯·梅耶斯：知名的美国喜剧演员、编剧、制作人。

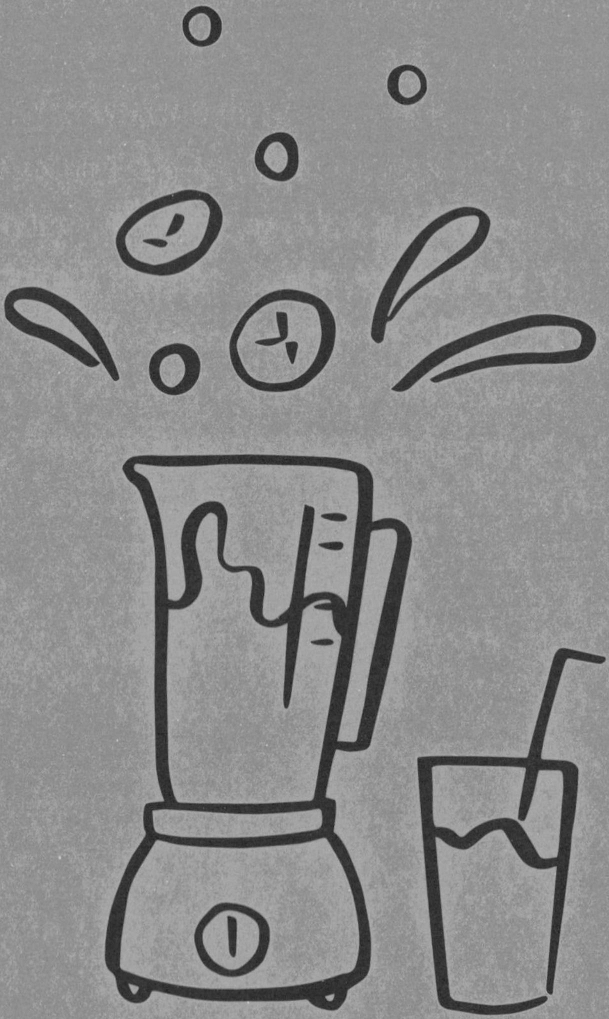

三个孩子中，我特别喜欢最小的那个。他比其他的孩子有趣多了，聪明又独立，或许这是因为他从小受到的关注比其他的孩子要少……如果你家里只有一个两岁的小孩，他会哭着要你给他做沙冰。如果你的第三个孩子是个两岁的小孩，他就会自己去做沙冰。他会拖着一把椅子走进厨房，站上去，把香蕉扔进榨汁机里。这个榨汁机甚至有可能不是你的，是他自己打零工赚钱买的。

——塞斯·梅耶斯

育儿风险

2. 带着宝宝过你的生活

在我刚加入一些宝妈们交流经验的小组时，碰见过一位每次参加交流活动都化着精致妆容的母亲，令我惊叹不已。平时照顾孩子，我忙得连穿裤子的工夫都快没有了，她哪来的时间化妆？但很快我就意识到，在孩子刚出生时那疯狂的几个月里，我们都有一项无论如何也不想放弃的活动。她的是化妆，我的是喝咖啡。

我有一位朋友，她因为担心宝宝会哭，从来都不去咖啡店。婴儿原本就会哭的，有些也许会哭得非常厉害，有些也许不怎么哭。但无论如何，在刚刚为人父母的第一年里，宝宝就是你生活的一部分。如果你把自己关在家里，活动范围只是沙发、尿布桌、床之间，那你永远都无法锻炼自己带着宝宝出门的技能，这会让你在未来几年遇到更

多的困难。如果宝宝只是哭泣都能吓住你，那他们长大后开始学走路，你又该怎么办呢？

　　所以，如果你担心有了宝宝之后，没办法继续自己热爱的活动，那就请放轻松一点，不要担心。无论你是想出门一小会儿、想健身，还是想做些烹饪，想办法和宝宝一起吧。一开始，也许你会觉得这样做十分困难，但千万不要放弃。坚持下去，你一定会找到为人父母的自主性，收获成就感，甚至长久过后，你还会享受这个过程，相比之下，之前所冒的那些风险，都是值得的。

3. 把宝宝交给别人照顾一次

不管你是宝宝的父母还是其他监护人，让你把宝宝交给别人照顾，一定是一件不可能的事情，尤其是当宝宝还需要母乳喂养的时候。但我的建议是，在孩子出生后的六个月之内，父母们至少应该尝试一次这么做，哪怕只是一个小时。这种做法的潜在风险并没有超出可承受范围，对父母和孩子都是极有益处的。

当孩子六到九个月大时，他们开始明白自己和主要监护家长[1]是两个不同的人。在这个时期，把孩子交给一个对他来说完全陌生的人，是一件十分困难的事，但如果这位监护人之前照顾过他，困难程度就会大大降低。总会有某

1　主要监护家长：母亲和父亲中主要负责照顾孩子的一方。

个时候，你不得不把
孩子交给别人暂时照料，还不如提早做好准备。

　　杰克三岁时，我和丈夫决定出门共进晚餐，父母主动提出帮我们照顾孩子。我事先挤好了母乳，戴好了防溢乳垫，把孩子交给了母亲，父亲也终于有机会抱一抱杰克了。那天我和丈夫去了一间离家只有五分钟车程的餐厅，吃饭时还一直担心杰克的情况。一小时之后，我们回到家，杰克已经睡着了，他丝毫没有感到不习惯的地方，我和丈夫也松了一口气，这也能够证明，对孩子来说，祖父母和父母一样重要。

　　出于这个原因，我还建议你们尽量多把宝宝留给伴侣来照顾。安娜贝尔·克拉布在她的书《短缺的妻子》和

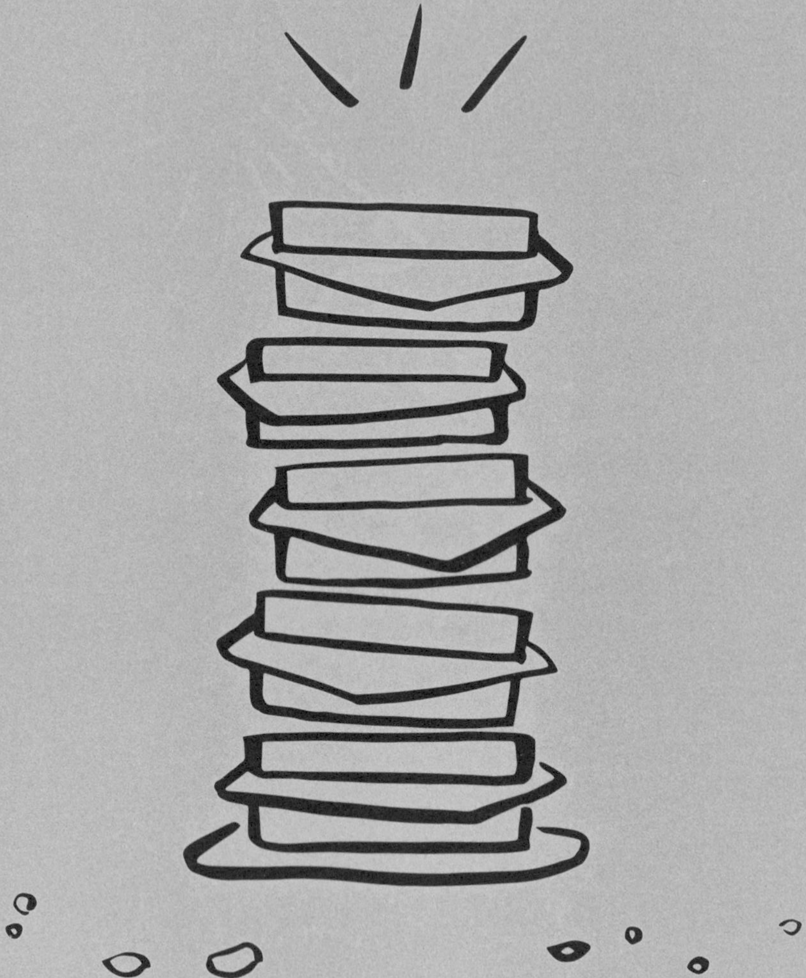

《论文季刊[1]：工作中的男性》中提到过，这是一个值得重视的社会问题。她在书中写道：在宝宝一岁之前，让你的伴侣多照顾孩子非常重要，不然你很容易觉得"我的伴侣是个蠢货，连做个维吉麦酱[2]三明治都需要人监督"。这种现象会出现，是因为绝大多数女性已经习惯了，与其看着自己的伴侣在挣扎和摸索中完成家务，还不如自己动手做。"他是个男人嘛"这样的话，也许在四十年前还说得通，但放在今天就显得过时了。另外，共同完成家务的夫妻，性生活也会更加幸福，所以父母双方更应该积极主动地照顾孩子。

1　《论文季刊》：澳大利亚的一本杂志，每期会刊登一篇不少于两万字的论文，内容主要涉及澳大利亚的政治和社会议题。
2　维吉麦酱：一种深棕色的澳洲食物酱料，一般涂在三明治、烤面包、烤面饼和苏打饼上食用。

4. 育儿不妨大胆一些

在所有职业中，最容易被全社会轻率批判的，就是为人父母了，尤其是母亲和老师（相信我，我有切身体验）。老师经常被批判，是因为所有人都曾在教室里待过十三年，从某种程度上讲，大家都是教学专家。父母经常被批判，是因为每个人都有父母，或自己已经为人父母。

每一代人的育儿方法，都跟他们的上一代有很大的不同，以后也会一直如此。四十年前可没有婴儿监视器，更没有安装在摇篮里的心率监测器。那时父母对子女教育的关注仅限于阅读学校发的学习报告。每一代人都觉得自己做得最好。每一对没有孩子的夫妻都知道如何正确养育孩

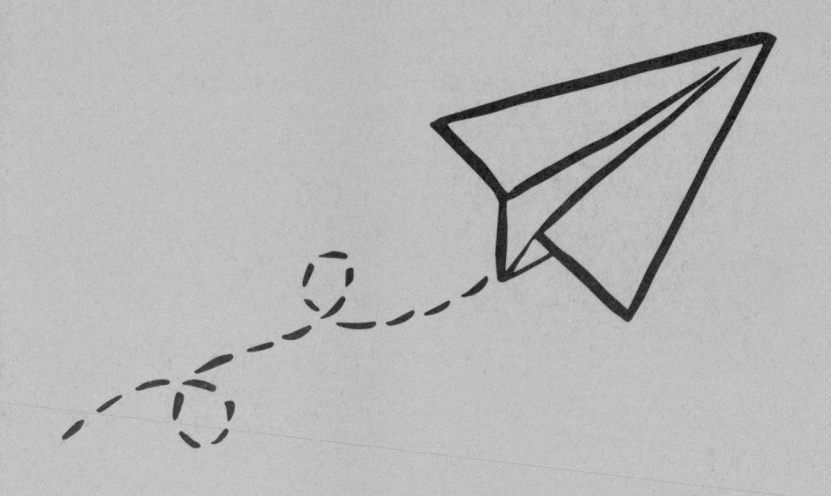

子——没有电子产品，没有糖果，更没有对现实的任何认知。作为父母，你一定会被批判，甚至会被公交车上和超市里那些你根本就不认识的人批判。

  我是个勇敢的人。有一次，我在一家咖啡馆给杰克哺乳，有一个六十岁的老头一直瞪着我。我指着杰克对他说："他以后交的税会拿来付你以后的养老金，你最好希望他被喂得好好的。"那个老头吓了一大跳，我差点以为我交的税要给他付心脏病的医疗费了。我反驳他的那句话并不是当场想出来的，因为他不是第一个对我投来谴责目光的人。提前准备好一句反驳的话是很有必要的，那些批判你的人听到你的反驳之后，一般都会说："我只是觉得你做得很棒，很了不起，尤其还是在×××的情况下。"或者"我不知道你们这些年轻人是怎么做到的，我们年轻的时候事情可没有这么复杂"。准备反驳的话固然很好，但也只是表面功夫，更重要的是，要对自己的育儿方式有信心，不要因为陌生人批判的眼光就怀疑自己。相信、支持自己的判断，才是最强有力的反驳。另外，如果你并没有养育幼儿，那么请不要批判那些正在奋战的父母。

我小的时候,得在晚上十点半起床,比上床睡觉的时间还要早半个小时。吃的是有毒的工业废料,在工厂一天工作二十九个小时,这样工作了一辈子……如果我把这些事说给现在的年轻人听,他们会相信吗?

——《四个约克郡人》[1]

---

[1] 《四个约克郡人》:由英国知名超现实喜剧团体"巨蟒剧团"创作和表演的一部喜剧小品,讲的是四个约克郡人在忆苦思甜的聊天中,不断试图在童年的凄惨程度上超越其他人,对自己童年的描述也越来越荒谬。

5. 做第一个尝试冒险的家长

不论是在家中、和朋友相处时，还是在学校，做第一个具有"冒险精神"的家长，并不是一件容易的事。如果你放任孩子玩滑板，或者当孩子在游乐设施上挣扎的时候，你比其他家长晚一分钟才进行干预，就可能会感受到来自他人的侧目。但不要因此退缩。

提醒自己，到底是为什么要和孩子们一起冒险：你是想培养他们的能力和品质，如坚韧性、灵敏性和共情能力。这样，他们将来就会成长为更优秀的大人。你和孩子一起冒险，不是为了获得其他父母甚至祖父母的认同。

另外，和当地社区的领导者聊聊。如果孩子已经上学了，可以向校长或者家长与公民协会[1]咨询，让他们提供一

---

1 家长与公民协会：澳大利亚的部分公立学校会获得此协会的支持，比如提供志愿者、为基础设施和其他支出筹集资金，并协助管理学校。

些确凿的答案,比如到底孩子几岁时,才能被允许自己上下学。问问当地警察,孩子能不能在人行道上骑自行车。如果你打算让孩子独自走去附近的小超市买牛奶,最好提前跟店员说一声,以免造成恐慌。

你还可以和其他支持孩子冒险的父母们结成联盟,首先可以在家附近的社区里搜寻——毕竟孩子们都不想放学之后独自骑车回家。如果其他父母对你说,你竟然允许孩子这么做,他们绝不会让自己的孩子做这样的事,那么你应该抓住时机,和他们好好聊聊冒险这个话题。不要因此而恼火,跟他们认真解释一下,你这么做,是因为想培养出具有自我驱动力和坚韧性的孩子。或者,你也可以谈谈自己的童年。那时候,大人们都允许孩子们做这些事,而我们如今可是生活在一个比那时更安全的世界里。

和孩子一起体验的小冒险

孩子从襁褓里的婴儿成长为蹒跚学步的幼童，在这一过程中，会出现一些像雾一样的瞬间，这些瞬间的形成也许十分缓慢，却消失得十分迅速。比如说你浏览了十分钟社交网络，一抬头，发现你九个月大的孩子正反复尝试着把玩具塞进卷纸的纸筒里。再比如说你一觉醒来，发现自己不是被孩子吵醒的（这或许会发生在孩子一岁前）。但渐渐地，雾气会全部散去，你要开始和一个有自己性格的小孩相处了，相信你会很享受这段时光。处于这个成长阶段里的孩子们，很适合去尝试一些能锻炼独立性的冒险活动。

6. 给孩子自由探索房间的机会

二十世纪五十年代甚至九十年代的父母在养育孩子时，会把宝宝放在婴儿围栏里，这样能限制他们的行动范围，保障他们的安全。因为其他地方会隐藏着很多危险，如柜子上放着的花瓶、很轻松就能打开的橱柜……如今，父母们会排除房间里所有的安全隐患，保证婴儿的安全，任由宝宝把得宝积木[1]和吃过的吐司随便乱丢。

有些孩子痴迷于研究家里所有上锁的柜子，如果你的孩子没有这样的习惯，就用不着把所有柜子都锁起来。与其阻止他们打开柜子，还不如给他们自由探索房间的机会，这样能帮助孩子更快地形成自我意识，注意自己的安全。尽管电流和插头十分危险，但是可以拿掉安全锁的时候，还是尽早拿掉吧。我建议各位父母在家居保护方面对

1　得宝积木：乐高推出的适合幼儿园宝宝的积木。

孩子采取更偏防御性，而非进攻性的策略——需要保护的时候保护，但也不要太防患于未然。那些对你说，为了保护宝宝，就要把家具都小心翼翼包起来的人，正是这些包装用品的制造商。我说这些话，完全是经验之谈，比如我家厨房的抽屉现在都还挂着安全锁，我六岁的儿子已经能够打开它了，只是我不知道怎么把它卸下来。

另外，别忘了放开手，让宝宝自由地玩耍一会儿，如在后花园或者游乐场，既能保证他们的安全，又能给他们探索的机会。

7. 适当接触微生物和细菌

小孩子都喜欢把泥巴往嘴里塞，我女儿能用沙给自己做出一整套前菜、主菜和甜点。父母们都担心孩子会感染细菌，尤其是当宝宝过了新生儿时期，开始进入"拿起什么就往嘴里塞什么"的阶段。

关于父母什么时候能够不用给杯子和奶嘴消毒这件事，我不想提任何建议，因为我不是医生，但根据"卫生假说[1]"的说法，适当地让孩子接触微生物和细菌，有助

---

[1] 卫生假说：一种医学假说，指童年时因缺少接触传染源、共生微生物与寄生虫，从而抑制了免疫系统的正常发展，进而增加了罹患过敏性疾病的可能性。

于发展他们的免疫系统。幸好,微生物和细菌并不难找到——游乐场、公园、沙滩、花园,到处都是,但细菌大多存活在户外。《有益的泥土》这本书中,杰克·吉尔伯特、罗伯·奈特和桑德拉·布莱克斯利三位医生指出,当我们想保护孩子不被眼前的小病痛伤害时(如感冒或者肚子痛),其实从长远上讲,过度保护会降低孩子们对某些疾病的免疫力,如哮喘和湿疹。有些父母为了让奶嘴更干净,会自己先吮吸一下,再送进孩子嘴里(显然这种行为起到的是相反的效果)。瑞典的一项研究表明,如果父母经常这么做,孩子长大后得哮喘的概率会大大降低。另一项研究表明,怀孕期间养狗(见第40个冒险活动)也能提高孩子的免疫力，降低他们未来肥胖的风险。这并不是因为追着狗跑来跑去能瘦身！

我赞同孩子接触细菌，其实还有一个原因。杰克八个月大时，我把他送去了托儿所，然后回公司上班了。那段时间，我请了无数次病假，因为杰克总是在生病。我的一个朋友向我保证，在托儿所待过的孩子，开始上学时，生病的次数会大大减少。她说这话不仅仅是为了安慰我——有证据表明她说的是对的。在孩子两岁半以前，感冒、流鼻涕、闹肚子的次数越多，长大以后生这些病的概率就会越低。也就是说，在托儿所里请的病假越多，上学以后请的病假就越少，杰克就是最好的例子：他上学的第一年，只请过一天病假。

注重饮食安全、勤洗手，这些显然都很重要，但不要过于担心孩子在托儿所或其他地方会接触到细菌。记住，就让孩子以孩子的方式生活，他们的免疫系统才能正常发展。

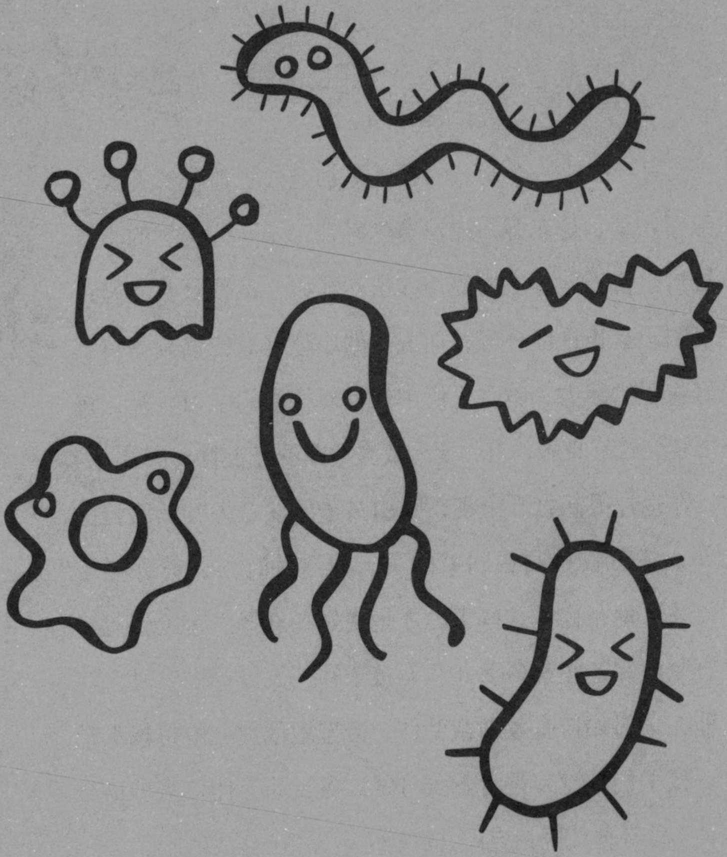

8. 让孩子帮帮你

没有什么比一个幼童的帮忙更加无效。他们"无效"地帮你切菜、叠衣服,能浪费你好几个小时。两岁的小孩没法自己叠衣服;三岁的小孩虽然能叠,但估计叠不好;四岁的小孩也许能叠好;而五岁的小孩绝对应该具备自己叠好衣服的能力。就跟生活中任何新技能的学习一样,孩子要学会叠好衣服,首先要无数次地叠不好衣服。

你也许很想打开电视,吸引孩子的注意力,然后自己去叠,或者收拾刚买回家的菜,但这种时候,允许孩子"无效"地帮你做这些事,才是更好的选择,无论你有多想赶紧做完这些家务活儿。当孩子在"无效帮忙"时,其实他在学习如何有效地帮助你,慢慢地他便会做得越来越好。孩子们平时都是看着父母做家务,而让他们帮忙这个行为,能让他们明白自己并没有不做家务的特权。

可以让孩子从简单的家务开始做,不必太关心做得好不好,重在持之以恒地做。等到时机成熟,给他一份家务清单。清单上既要写清楚他要为自己做的事（清洗自己的饭盒），也要包含他为家庭做的事（打扫客厅），这样不仅能让他们懂得为自己负责，还能增强他们的家庭意识。最开始时，这些家务完成的时间也许会加倍，这很正常，但也许会有一天，你再也不用自己做家务了，更重要的是，你让孩子明白：人应该互相帮助。

9. 拼积木

也许你只想让孩子自己玩耍，这种想法再正常不过了，但你需要有意识地去建立和孩子之间的情感连接，哪怕只是一刻钟也好。放下手机，扔下水槽里还没洗的碗碟，去陪孩子画画或玩一局UNO[1]，这对你来说就是一种冒险，因为这么做违背了你长期以来"一心多用"的生活习惯。

书中有许多冒险活动目的都是让孩子变得更加独立，而这项活动看起来却反其道而行之。然而，独立性建立在你和孩子的亲密关系的基础之上。珍妮弗·科拉里是一位家庭心理治疗师，也是"亲密育儿"网站的创始人。她在自己的书中强调了有意识地去陪伴孩子的重要性。她的研究成果表

1　UNO：一种纸牌游戏。

明,每天晚上抽出十五分钟和孩子单独相处,进行一些他们感兴趣的活动——扮"家家酒"或跟着音乐舞蹈,或第一万次读同一本书——会更容易哄他们上床睡觉。对有些孩子来说——特别是那些年纪小,白天会去托儿所的孩子——上床睡觉就像是和父母的一次分离,会让他们感到害怕。十五分钟的陪伴会刺激孩子的大脑分泌更多催产素[1],能提升他们的安全感,增强他们与他人建立健康关系的能力。

我们不可能总是把精力百分之百地放在孩子身上——事实上,总是把精力全部放在孩子身上并不是一件好事,但抽空陪一陪孩子是很必要的。一起拼一拼乐高积木吧,或者一起画画,直到全身都沾满小亮片。这能让他们建立安全型依附[2],帮助他们日后更加独立。

---

1 研究表明,催产素能加深孩子和母亲之间的情感连接。
2 安全型依附:精神分析学家约翰·鲍比提出了"依附理论",安全型依附是其中的一种依附类型,一个安全型依附的小孩在陌生情境中,当主要照顾者在身边的时候可以自由地探索环境,和陌生人互动;当主要照顾者离开时可能会难过哭泣;当主要照顾者回来时,小孩会很快地靠近照顾者寻求安抚。

10. 搭建城堡

孩子们在游乐场上能学到许多新技能，比如滑滑梯，爬绳，轮流使用游乐设施；但那些不需要设施的玩耍同样也很重要，比如在家或者在大自然中，自己构建一个玩耍空间。让孩子们用树枝、石头，甚至通过在沙地上画画构建一个想象的世界，既能培养想象力，又能提高身体素质。

目前，能提供想象空间的游乐设施越来越得到重视，但大部分的游乐场还是非常一板一眼的（这里只能是一艘海盗船，不可能是别的东西），在儿童玩耍区域放树枝和石头的想法，能把市议会大部分的工作人员吓到心脏病突发。但孩子们能在非指定玩耍区域搭建城堡，因为公园的

树丛里可到处都是大大小小的树枝和树叶。

　　小孩子搭建城堡,和大人们做管理顾问本质上几乎是一样的。他们发现了一个问题(这里没有城堡),于是得利用自己身边的东西(各种资源)找到能解决问题的方法(自己建一座城堡),这跟成年人拿着预算办事十分相似。他们还必须管理自己的团队(自己和一起玩耍的孩子们),应对其他的持股人(提防那些比他们更小的孩子毁掉城堡)。城堡或者小屋、木筏、火箭,其实在家里也可以建造,但他们会把家里弄得一团乱,你的耐心也会被挑战。如果你睡觉的枕头没有被拿走,就让建好的城堡留在那儿吧，等周末过完了再拆。多给孩子们一些时间去享受自己的"劳动成果"。

搭建城堡还能为你提供和孩子相处的机会。让他来主导，就算你知道那堵墙一定需要一个枕头或者一根树枝来支撑，也不要告诉他，就让他自己想办法。你可以问他一些问题，比如"你觉得这条床单应该用来干吗"或者"这个要放在哪儿才能保证通量电容器[1]可以正常运作呢"。当孩子进入"心流"状态之后，你就可以暂时放手让他自己去做了，等他主动找你寻求帮助时，再提供帮助。孩子或许会积极地找你帮忙，也或许不太需要帮助，只想要你在一旁支持他。

---

1 通量电容器：电影《回到未来》中虚构的一项发明。

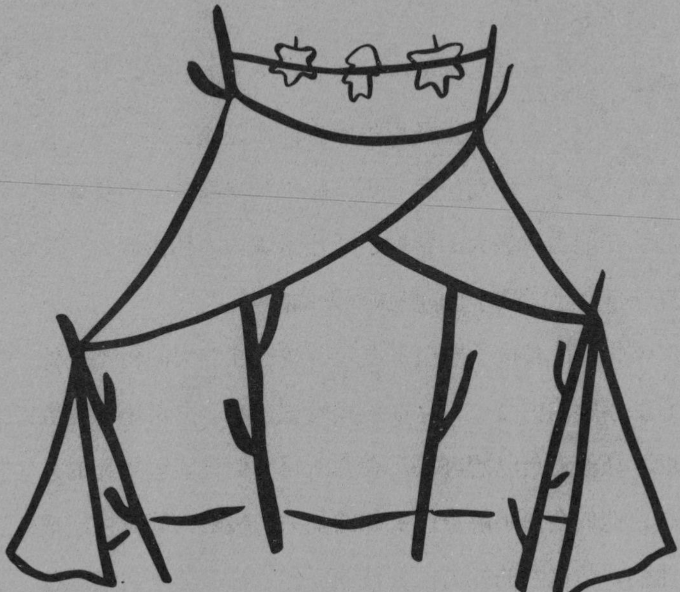

11. 爬树

爬树可以说是一种失传已久的艺术。大多数家庭的后院里并没有大树，游乐场里虽然有许多设施，却几乎没有大自然的影子。然而研究表明，爬树对提高孩子的身体素质和认知能力有极大的帮助，既能锻炼体力和协调力，又能提升自信心，锻炼他们解决问题的能力。

因此，带着孩子出门逛逛吧，找一棵够大的树（低处要有能攀爬的树枝），让他们爬着试试看。尽量不要提供帮助，让他们自己想办法。在判断哪些树枝能够攀爬的过程中，他们会更了解自己身体的能力和极限，同时还能锻炼他们评估风险的能力。一开始，你也许会情不自禁地在旁边晃悠，就像第一次见到蹦床的小丑一样，但你要记得，我们的祖先可是猿，对它们来说，爬树根本就是小菜一碟。

爬树还能让孩子亲近自然，他们能有机会观察各种虫子，收集漂亮的树叶和花朵。大自然能让孩子更深入地理解周围的世界，也更明白我们对周围世界产生的影响。在大自然中玩耍还能增强体能、提高运动技能，同时也可以提供更大的空间让孩子充分发挥想象力。现在，世界各地都陆续出现了亲近自然的幼儿园，而曾几何时，"亲近自然"本是许多孩子的童年必不可少的一部分。不过，即使没有入学仪式，你也可以带着孩子去大自然中玩耍，让他们习惯户外的生活，然后试着爬一爬树。

12. 给自己找乐子

说实话，这其实不能算是让孩子冒险，应该算是让你的家庭生活冒险，让你稳定的神志受到挑战。当孩子感到无聊的时候，你不需要管他们。自己给自己找乐子是一种需要学习的技能，这项技能只有在锻炼中才能得到提高。科技产品、周末的各种体育活动和生日派对让孩子们每天的安排都过于饱和，因此这项技能得到锻炼的机会越来越少，但"无聊"的状态是很重要的。

很多人相信"只有无趣的人才会觉得无聊"，如果一个人觉得无聊，那一定是他缺乏创造力和主动性。可事实上，正是有创造力的人才会觉得无聊。《优势开关》的作者莉亚·沃特斯教授认为，过于忙碌的人很难有创造力，因为好的点子是需要时间的。"无聊"还是培养机敏性的沃土。给孩子几个小时的时间，让他们自己去找乐子，能

训练他们如何在空余时间找到自己想做的事。

　　因此，如果你在某个下午没有给孩子安排任何活动，请不要觉得内疚。正因为没有活动，孩子也许会利用这段时间想出一个绝妙的点子。如果你看到孩子一个人玩耍，随他们去吧。如果他们提出想看电视，尽量不要过早满足他们。每次杰克一回到家，我都会要求他把鞋子放好，然后让他开开心心地去玩个二十来分钟。拿出一些玩具放在孩子跟前，然后告诉他们你得去忙别的事。一开始，你也许会反复听到"我好无聊"这句话，家里可能也会被搞得很乱，但过一会儿，也许你会突然惊慌，以为孩子是不是不见了，寻找后却发现他们正安安静静地在卧室里玩乐高积木，根本没听见你已经叫了他五六次。当然，这只是举个例子。

13. 和成年人交朋友

即使孩子已经不是襁褓里的婴儿,把他们交给另一个成年人照顾,哪怕是你熟悉并非常信任的人,仍然会很不放心。就算不考虑任何可能出现的危险,如果孩子说出一些令你尴尬的生活细节,你该怎么办呢?孩子可不知道什么该说什么不该说——爱丽丝曾经对托儿所里的所有人说过我"因为在上班的时候织毛衣而惹麻烦了"(其实我并没有)。

尽管我们常说需要"一个村庄"[1]才能养育小孩,但事实上,我们并不太愿意在这件事上依靠他人。但是,孩子需要和其他有人格魅力的大人们建立强有力的情感联系,无论这个人是祖父母还是阿姨,教父教母还是保姆,甚至是托儿所里的教育工作者。除父母之外,孩子还需要一个

---

[1] 一个村庄:一句英语俗语,字面意思是"养育一个小孩需要一整个村庄来参与",强调小孩的成长不仅仅受到父母的培育,在他周围的大人也都会对他产生影响。

能够听他倾诉一切的大人，包括在你这里受了委屈之后的抱怨。著名育儿书籍作家玛吉·登特把这些大人称为"灯塔"。家庭心理学家迈克尔·卡尔格雷格认为，如果除父母之外，有另一个大人存在于孩子的生活中，这将对孩子强韧性的养成起到关键作用。

如今，我们很少看到几代家庭成员共同生活在同一屋檐下，有时候同一个家庭的成员甚至都不住在同一个城市里。而且，父母们会更倾向于跟其他家庭互动，这样孩子可以多和其他同龄人相处。这意味着，孩子很难自然而然地和其他成年人建立情感联系，这就需要父母们的帮助了。所以，如果你注意到孩子特别偏爱七大姑八大姨中的某一个，或者和某个你信任的朋友很合得来，那么多多邀请他们来家里玩，或者让他们带着孩子一起去公园玩，以此来培养他们和孩子之间的感情。另外，还可以鼓励他们多打电话或者视频聊天。随着孩子渐渐长大，尤其是进入青春期后，这位"大朋友"将会分享许多宝贵的成年人的经验和智慧给你的孩子。

14. 体验"度假"

众所周知，贝拉克·奥巴马在白宫里每天都穿一模一样的白衬衫，这样他在治理国家之余，就不用再费心挑选衣服。养成了日常习惯，我们就不需要在安排日程上浪费过多的时间，这对孩子来说非常重要，尤其是针对他们每天洗澡和上床睡觉的时间。但是，偶尔打破日常习惯，看看会发生什么，也是一件很值得尝试的事。

每当你们出门度假时，无论是选择在一个地方待着，还是全家出门游山玩水，日常习惯都会被自然而然地打破。度假对任何年龄段的孩子（还有大人）来说，都是一次很好的学习机会，不论目的地是远还是近，是穷游还是豪华出行。旅行不仅会让我们碰上平时没有的冒险和挑战，还能让家庭关系更加亲密。旅行会创造回忆，而美好的家庭回忆能在孩子长大成人之后，保护他们的韧性和自我认知。

在我的两个孩子分别为四岁和一岁的时候，我们曾经一起出门度过一次假。在那两周的时间里,杰克的成长令我十分惊叹,但同时,作为一个职场母亲,我感到非常内疚:如果我在家做全职母亲,一直陪着他,他会不会成长为更加优秀的人呢?但事实上,他的成长是因为这次旅行打破了平时的生活习惯。

度假的意义不仅在于让你们有更多时间相处,还在于你们每天不用做很多事情,除非你想来一场《极速前进》[1]里那样的大冒险。度假时,你终于有时间和精力陪孩子进行一些平时无法进行的冒险活动。让孩子们自己去找乐子,你可以安安静静地看看书,或者小憩一会儿(毕竟这也是你的假期)。让孩子们在沙滩上玩耍,在岩石边上蹿下跳,你可以看着他们,但不要尾随。既然这段日子你不需要上班,他们也不需要上学,那就给他们机会自己探索吧,让他们自己涂好防晒霜,带些小零食。这些技能,在日常生活中也十分必要。

话说回来,即使在日常生活中,你也可以体验"度假"的感觉。你需要做的,只是适当地打破平时的习惯。

---

1 《极速前进》:美国的一档真人竞技类节目。

根据伊恩·希克教授的说法，新的生活体验对孩子大脑的发育十分重要。他说："每一个新的景象、新的声音、新的味道都能让大脑的突触连接——也就是脑细胞之间的连接——得到飞速的发展，以此来记录这些新的经历。"如玩桌游、骑自行车和小型的家庭冒险等，都能让孩子获得新的生活体验，创造新的家庭回忆。因此，好好抓住这些机会，让生活的步伐慢下来。

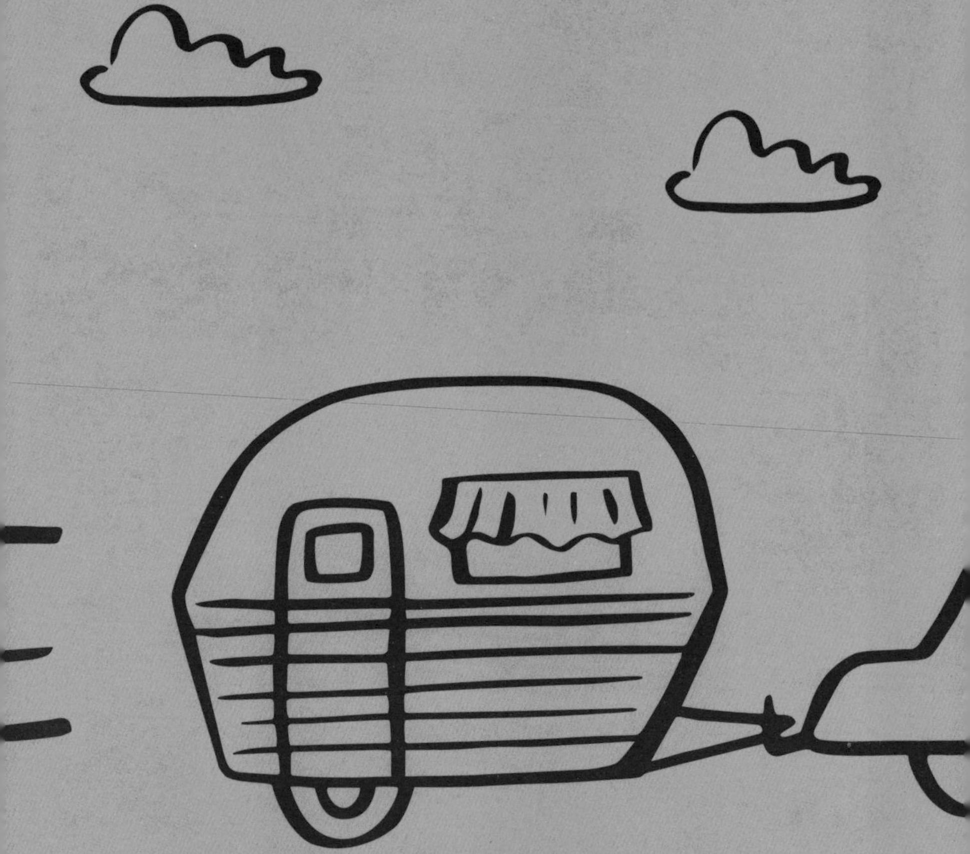

15. 找零食吃

对你来说，做个芝士三明治根本算不上什么冒险，但相信我，如果让孩子做一个芝士三明治，那场面将会变得十分混乱——至少是在他前几次尝试做芝士三明治的时候。孩子要掌握任何新技能，都会经历这个过程，他做得越来越好，混乱的程度就会越来越轻，你需要做的也就越来越少。如果你有不止一个孩子，那么最后，最大的孩子一定会给其他孩子们准备零食，而你就可以放心地躺平了。

我接下来要说的话，大家应该都已经知道了，但以防

万一，我还是要说：除了一日三餐，孩子们需要吃零食，需要吃很多零食。他们经常会觉得饿，让他们自己去找零食吃，能让他和你的生活都轻松一些。首先，准备一些健康的零食（如果家里全是薯片和巧克力，那孩子就会吃这些薯片和巧克力），一些孩子们自己就能够得着、能打开的零食，比如果盘就很好，谷物麦片也是个不错的选择——如果孩子能自己准备早餐，那将是你巨大的胜利。对年纪小的孩子来说，给自己倒饮料会比较困难。你可以趁着比较热的一天，让孩子在室外练习倒水，这样不仅好

玩,还不会造成什么麻烦。另外还要记得,东西泼了洒了是很正常的,这是他们学习的必经之路。

确保孩子在吃零食之前,先弄清楚这个时候他们能不能吃零食。如果一个六岁的孩子在晚饭前二十分钟吃了一个三明治,那他八成吃不下晚饭了。你得让孩子明白,一日三餐的时间是固定的,不是想什么时候吃就什么时候吃。幸好,每天晚饭前半小时,我家厨房里几乎都有人,所以孩子们饭前偷吃零食的可能性几乎为零。如果他们在这种情况下还能偷吃成功,那我真该去拨打间谍组织招募天才神童的热线电话了。

自己做零食,很容易就能演变成自己做午饭,带去幼儿园或者学校吃。如果午饭是孩子自己做的,他就不大会抱怨不好吃了。杰克上小学后的第一个学期,就开始自己准备每天早上带去学校的便当了,我们只需要在旁边监督一下。他会给自己做一个三明治,从冷冻室里拿一个我们几周前做好的玛芬蛋糕,再拿一袋酸奶,然后往里面放一些蔬菜,如黄瓜或者胡萝卜,就大功告成了。这都多亏了在他小的时候,我就开始让他自己做零食吃。所以,为了孩子更有自主性,也为了你有更多的休息时间,从现在就开始吧!

16. 点一杯宝宝奇诺[1]

我们一家人经常光顾家附近的咖啡馆。杰克两岁左右,我们就开始告诉他,如果他想要来一杯宝宝奇诺,可以自己礼貌地去找服务员要。现在,我们几乎都能让他去给全家人买咖啡了,只要想办法让他能骑着自行车的同时平衡手里的咖啡杯。

要让孩子学会和一定程度上可信、可靠的陌生人说话,其实应该在孩子很小的时候就开始培养。最开始,可以选择咖啡馆人不太多的时候,陪着他走到柜台前,告诉他懂礼貌很重要,点单时一定要把话说清楚。许多咖啡馆和餐厅还会给孩子提供机会,学习如何分辨让他们感到不安的成年人。我曾经在咖啡馆见过有父母陪着十岁的孩子

---

1 宝宝奇诺:一种儿童饮品,看起来很像卡布奇诺,但杯子更小,要么只有牛奶,要么会加入一点不含咖啡因的咖啡。

去洗手间，尽管洗手间就在他们的桌子旁边。成天围着孩子转的父母，会剥夺孩子学习这些基本社会技能的机会，这很有可能造成两种后果：孩子在安全受到威胁时毫无警觉，或者孩子对所有人都感到害怕。无论是哪一种，都是十分危险的。如今，这种教育尤为重要，因为随着游戏和社交网络的融合，线上与线下安全变得更复杂、更割裂了。如果在孩子认识虚拟世界之前，先让他学会如何保护自己的人身安全，那么日后在教他网络安全时，就会容易许多。

所以跟孩子聊聊吧，告诉他们哪些是危险的陌生人，哪些是可以相信的人。然后，让他们自己去洗手间。当他们在洗手间的时候，别忘了偷吃两口他们的食物，因为如果你开口问他们愿不愿意分享，他们一定会拒绝你。

17. 挨会儿饿

我儿子特别讨厌巧克力，但在参加生日派对时，又经常会出现巧克力味的生日蛋糕。所以，当他两岁的时候，我会在参加生日派对时带一个香草味的杯子蛋糕，以防万一（如果生日蛋糕不是巧克力味的，这个杯子蛋糕就会留到回家的路上再吃）。随着他渐渐长大，我也渐渐意识到，我这么做是在惯着他挑食的毛病。去参加别人举办的派对，但不喜欢别人提供的食物，这再正常不过。但要是因此而带着自己喜欢的食物去参加派对，就不太合适了。所以，我们坐下来聊了聊，我告诉他，如果生日蛋糕是巧克力味的,他可以多吃一些糖果或者薯片。只有当他自己过生日时,才能控制生日蛋糕的口味。

有些孩子挑食挑得特别具体,比如只吃涂满了番茄酱的食物,或者只吃被切成星星形状的食物。但你越是拒绝满足他们挑食的习惯,他们在日后面对困难时,能力就越强。就算你选择惯着这些毛病,他们也不会因此选择妥协,反而会认为一切就应该顺着他们的意思来,可是世界并不是围着他们转的。如果孩子不爱吃你做的晚饭,你要坚持住,千万不要再给他们做别的,不要让他们以为你开了一间餐厅。我的母亲曾经说过一句很有道理的话:"没有哪个孩子会让自己饿死的。"

18.学习骑自行车

有些孩子还没满三岁,就已经厌倦了坐在婴儿车里,但他们又还太小,自己走路也走不了多远。因此,在孩子拒绝使用婴儿车之前,要让他们学会使用某种代步工具,不论是自行车、踏板车、滑板还是气垫船,都是个十分不错的主意。你也许认为,十八个月或者两岁大的孩子学骑踏板车还太早,但如果你去看看那些在家中不是老大的孩子们,就会发现,他们完全可以自己学会——等到你开始思考是不是该让他们学习骑车的时候,其实他们差不多半年前就有这个能力了。

关于如何学习骑自行车,各种各样的说法都有。有些

人反对使用辅助轮，认为应该先让孩子学儿童平衡车，甚至"滑步"平衡车，这种车没有踏板，孩子必须在行进中学会保持平衡，然后才能开始使用普通的自行车。另一种说法则是要使用辅助轮，事实上，直到2010年，所有的孩子都是这么学会骑自行车的。无论哪种方法，适合孩子的，就是最好的。

你的孩子肯定会摔跤，说不定还会反复摔。关键在于，确保他在摔下来之后，还愿意爬起来继续骑。他们大概率只会受一些轻伤，跟学会骑车之后他们暴增的自信心相比，这些磕磕碰碰都不算什么（他的行动能力也会暴

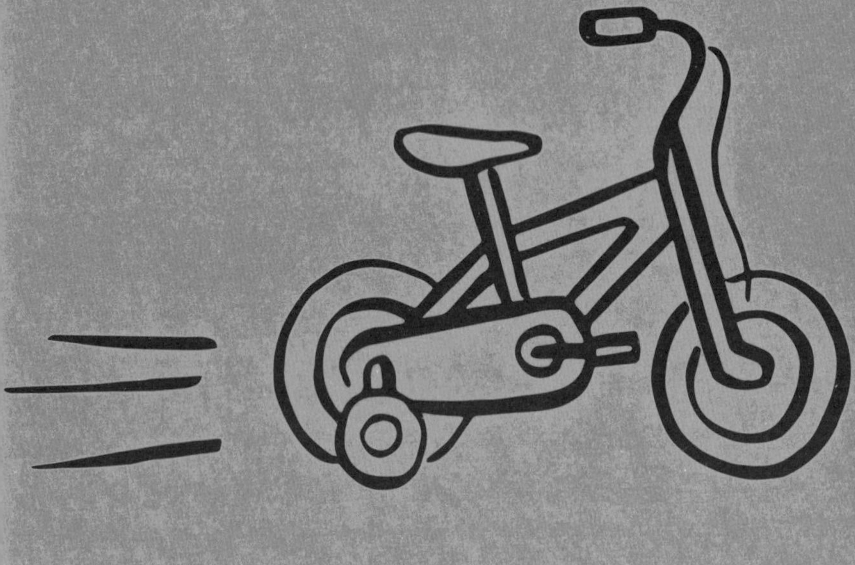

增,这意味着你再也不用去哪里都抱着他了)。

  注意相关的法律法规,弄清楚哪些地方允许小孩子骑车,哪些地方不允许,以及需不需要成人陪同。在孩子能独自骑自行车出行之前,务必让他明白道路交通安全信息。如果你有好几个孩子,可能会遇到这种情况:老大已经骑着踏板车冲出去了,而另一个孩子却在原地冲你发脾气,因为她的鞋子穿在了正确的脚上,但她想让鞋子穿在不正确的脚上,尽管是她自己把鞋子穿好的。此时,你会希望老大能在前面停下来,等着你,并且知道该如何小心谨慎,保证自己的安全。

19. 品尝一下输的滋味

迈克尔·卡尔格雷格曾提到过孩子们的"韧性缺乏症"。有些孩子不管在家还是在学校，都不玩游戏，因为输了之后会不开心；有些孩子会玩游戏，但玩的都是那些"没有输家"的游戏。

其实游戏中的失利，能给孩子提供最好的学习机会。人类往往是吃一堑长一智的。所以多和孩子玩玩游戏吧，让他们品尝一下输的滋味，但也不要让他们次次都输，因为你不想让孩子反复被打败，同样，你也不应该让孩子每次都赢。如果他们因为输了游戏而不高兴，那就让他们先自己冷静下来，然后再温柔地告诉他们，这只不过是一局游戏而已。你甚至可以直接告诉他，有时候你会让他赢，

有时候则会让他输。这样,他就不会以为成年人玩桌游都很差劲。直到有一天,你的孩子可以真正在游戏中打败你,那时你就需要倚仗自己的韧性了。

西洋跳棋、钓鱼、UNO、国际象棋都是不错的选择,非常有助于锻炼他们的韧性和共情能力。还有一些和同龄人一起玩的游戏也很能锻炼孩子,如击鼓传花、捉迷藏,等等。孩子越习惯于面对输掉的风险,将来应对失望的能力也就越强。

20. 爬高脚椅

在孩子一到五岁之间,你会看到他们在尝试做一些事,比如自己爬上高脚椅,但你可能还是会伸手把他抱上去。这么做的原因主要有两个:第一,你的大脑就像一个打开了二十三个窗口的浏览器,下意识地就那么做了,完全忘记了孩子可以自己爬上椅子;第二,这样帮助孩子,更方便快捷,也更轻松。但正如"放养运动"的发起者莉诺·斯科纳兹所说:"你越是帮他们,就越是在帮倒忙。"

想象一下,你在工作上得到了晋升,但上一个担任这个职位的人,现在却坐在你面前,做着本该由你完成的工作。想象一下,这个场面多么尴尬,而你又显得多么没用。所以,如果孩子正在学习一项新技能,比如自己穿

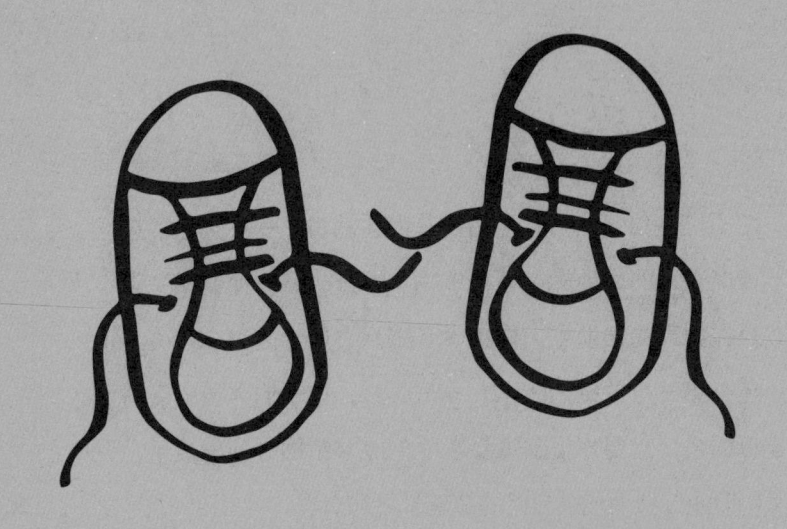

鞋，你一定要给他们锻炼自己的机会。这也许意味着（好吧，肯定意味着）一切都要花五倍的时间，也许有时候你确实没有时间等他们自己去做，但多数时候，你应该尽量给他们学习成长的空间。

理查德·瑞恩教授和爱德华·德西教授提出的"自我决定论"和这一议题息息相关：孩子最好能做一些有挑战性，但自己又有能力完成的任务，最好是独立完成。自主性不仅指独立能力，还指拥有内在动机——愿意为了自己或能获得的好处学习某件事物。不过，就算他们某一天不再需要你的帮助了，你也不必感到失望，因为自我决定论还有第三个关键的因素——归属感：孩子们需要感受到父母的爱，需要相信父母会在他们寻求帮助时伸出援手，但同时也会让他们以自己的节奏学习和成长。

和孩子一起体验的小冒险

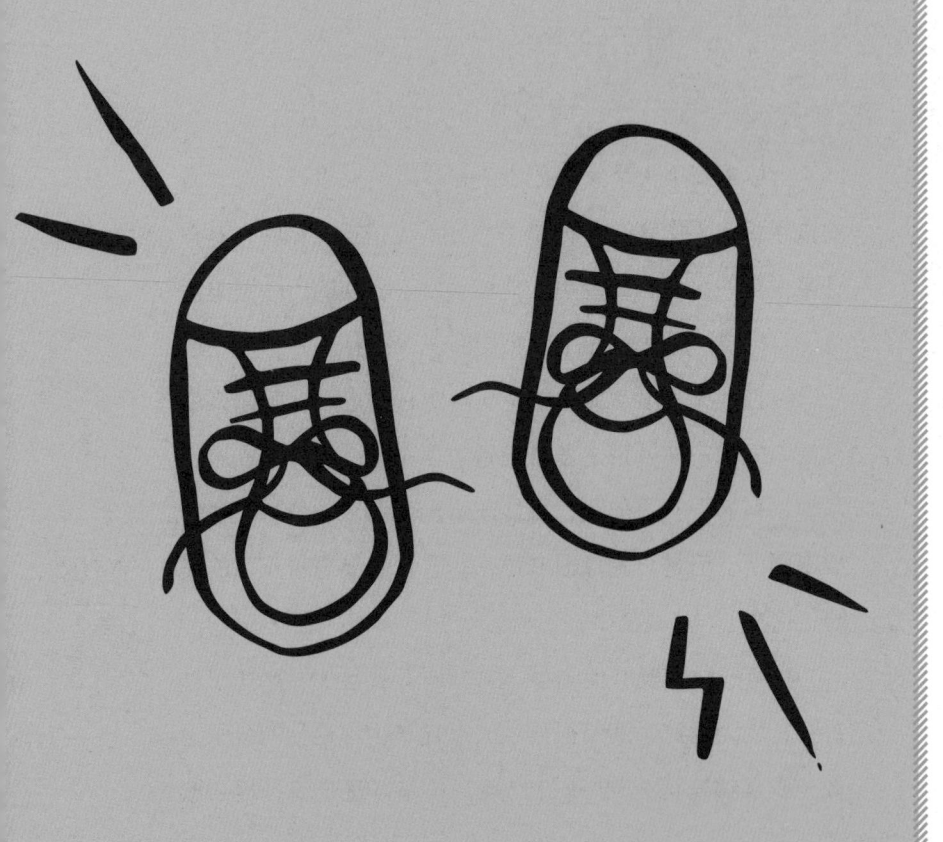

21. 带着小孩子徒步

当你看到别人全家去徒步的照片时，有没有想过"我的孩子肯定不愿意"？你错了。徒步或骑行的体验，对孩子来说是一次全新的经历，他们一定会喜欢的。一路上有虫子、树枝、泥巴，最后还能野餐，多棒啊！

带着小孩子出一趟比去游乐场更远的远门，听起来就很令人发怵。你要带上各种设备、尿布包、换洗的衣服、水杯，何必呢？更何况，可能才走出两百米，就有人吵着要上厕所。但是，就算很麻烦，就算冒着会忘带东西的风险，这次远行也是值得的。

我有一位朋友，他的孩子才九岁，就参加了摩托车越野赛，因为我这个朋友很喜欢骑摩托车。不论你的孩子是像《少年擒寇记》[1]里那样玩越野单车，还是单纯地去散

---

1 《少年擒寇记》：1983年上映的澳大利亚青少年题材电影。

散步，亲近自然都是益处多多的。日本人把这叫作"森林浴"，据说这种走进大自然的生态疗法能够延年益寿、促进心理健康。因此，如果孩子们从小就养成了户外活动的习惯，那等他们长大成人、开始面对生活的压力之后，就多了一种自我纾解的方法。

徒步和骑行也是非常好的家庭活动。最好在孩子进入青春期以前，你们就能建立某种固定而常规的家庭活动。这样，在孩子进入青春期以后，这种活动也可以自然地继续下去。别等孩子到了十三或十五岁，已经正式走上独立之路的时候，再着急寻找能维系家庭情感的活动，那时你的尝试只会收获孩子的白眼。我们家建立的家庭活动是骑行，在两个孩子还很小的时候，我们就开始着手准备了——先让他们骑车去附近的咖啡店和公园。骑行能防止我们周末宅在家，培养孩子的道路安全意识和方向感，当然了，还能让孩子学会跌倒了再爬起来。这项冒险活动也并不是只以孩子为中心。去游乐场虽然也挺好，但那纯粹是为了孩子。要多组织一些全家人都能享受的活动，养成这些活动的习惯，能破除"每个周末就该围着孩子转"的思想。

另外，这些冒险活动给全家人之间的沟通交流提供绝佳的机会。无论是徒步、骑行，还是自驾游，都很适合谈天说地。虽然你们也可以围坐在餐桌旁聊天，但在这种情况下，孩子或多或少能感受到家长的权威。可是，当你们在户外向同一方向行进时，这种权威感会削弱很多。而且，边走边聊也意味着不用时刻保持眼神交流，你们的谈话也会更加顺畅。所以出发吧，大胆让自己蹭破一点皮，享受与孩子之间轻松愉快的对话。

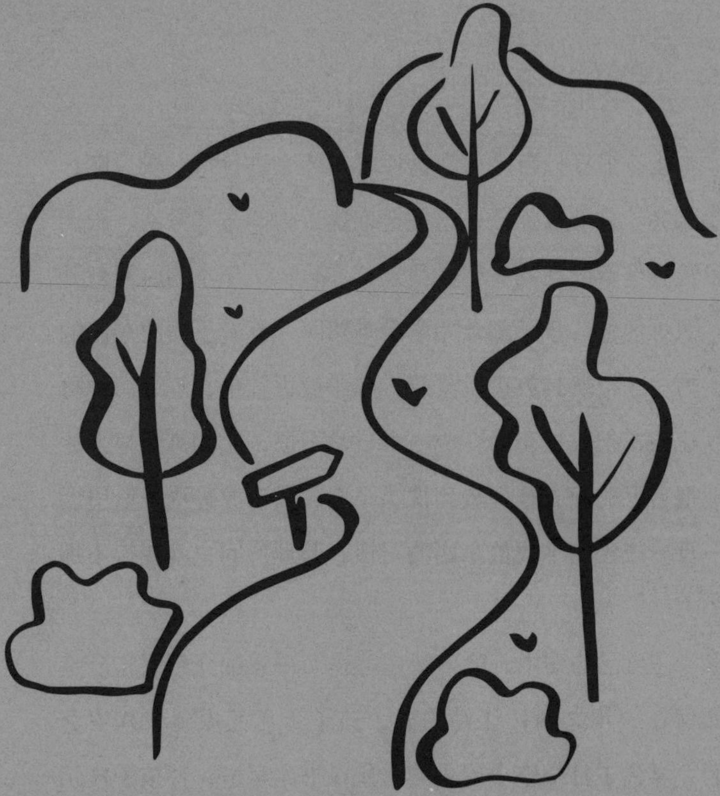

22. 打扫自己的房间

让孩子打扫自己房间这件事，要么进行得一帆风顺，要么会让你非常抓狂，这完全取决于你的方式方法。跟大多数其他冒险活动一样，我建议你趁孩子还小的时候就开始锻炼他们。孩子刚开始学会走路时，就有了摆放东西的能力——把玩具放进玩具箱，鞋子放进鞋柜，等等。你可以让孩子把收拾东西变成一种日常习惯，比如每天早上让他把自己的睡衣叠好放到枕头下面，或者放进洗衣篮里。一旦养成了随手收拾东西的习惯，整理房间也就变得不那么困难了。

在自己的书中，凯·威尔斯·怀玛详细介绍了自己是如何在一年之内，让她的五个孩子（在三岁到十六岁之间）学会了打扫整个屋子的。她在书中写道，替孩子捡起他们到处乱扔的袜子和毛巾不仅会让他们形成坏习惯，总是期待身边其他人替他们完成本该自己做的事，他们也得不到机会用自己的逻辑和习惯去整理柜子。训练孩子对自己的东西更有责任心,能帮助他们锻炼独立性和组织能力,还能减少他们丢三落四的毛病。

一想到要做家务就发牢骚,是很正常的事情。我经常因为洗衣服唉声叹气,但并不会因此就不洗衣服。所以,期待孩子做家务还不抱怨,是很不现实的。让他们抱怨去吧,但不要因此就免除他们做家务的责任。

23. 偶尔让孩子耍耍脾气

　　我想请你们回忆一下，自己是否曾经为一件微不足道的事发过火。我曾经有一次因为打印机大发雷霆，当时我给学生们准备了很多过去的考试卷子，但当我按下"打印并删除"键时，学校的打印机卡住了，然后这些卷子大概是被卷进了一个异空间，无论怎么找都找不到。那个时候，我顿时火冒三丈，甚至发出了咆哮，真正的咆哮——从喉咙深处冒出的、发自内心的咆哮。我握紧了拳头，如果怒火再高涨一点儿，这拳头可能就砸在打印机上了。然而，我还是修好了卡住的打印机，回到办公室，重新打印

了一次。

　　事实上，我们都曾有过这样的瞬间。剧烈的情绪是我们生活中无法逃避的一部分。但发生在小孩子身上时，我们就会说这是小孩脾气。面对这种小孩脾气，我们一般会立刻进入"解决问题"模式，着急忙慌地试图让孩子平静下来。但当我们这么做的时候，其实是在剥夺他们体验自己情绪起伏的机会。因此，这个冒险活动就是，偶尔让你的孩子耍耍脾气，倾听他们的声音，然后告诉他们，一切都会好起来的。大多数时候，我们是不能由着性子耍脾气的——我们有必须要做的事情，对人也必须要有礼貌。把这一切解释给孩子听吧。但有时候，也得让他们完整地体验一下自己剧烈的情绪。

这不意味着要对他们有求必应，也不是要你用电子产品、冰激凌或者玩具来转移他们的注意力。恰恰相反，你千万不能让孩子觉得：只要乱发脾气，就能得到奖励。跟孩子好好沟通，告诉他你爱他，当他需要你的时候，你会一直在这里。然后，就放手随他去吧。

你需要让孩子们明白，他们是可以展现自己脆弱的一面的。布芮妮·布朗教授曾说，当孩子正在经历激烈的情绪时，我们一定不能让他因此感到羞耻。她还解释说，父母的身教永远比言传更能教育孩子，因此"我们想让孩子成为怎样的人，自己就应该成为怎样的人"。如果你希望孩子能直面自己的情绪，那么你也必须直面自己的情绪。

另外，我们在谈论情绪时所使用的语言也十分关键。"难过"其实可以用来形容各种各样的情绪，"愤怒"这个词也是一样的。教你的孩子如何给情绪分类，这样他们就能更好地体察自己和其他人的情绪。

当孩子正要着脾气、又哭又闹的时候，你能做的不是

悲伤
失望
受伤
不受欢迎
内疚

愤怒
恼火
嫉妒
心烦意乱

害怕
紧张
焦虑
尴尬

快乐
感激
满足
充满希望
兴奋

教育他们，而是跟他们建立情感连接。等他们在情感上感受到了和你的亲近，就可以慢慢纠正他们自己的行为了。丹尼尔·西格尔在《让训导不再麻烦》一书中表示，当孩子正在闹脾气时，如果你主动采取行动，让孩子跟你建立情感连接，那么甚至都不用再去纠正他的行为——等他冷静下来之后，自己就会纠正自己。西格尔用了一个词"第七感"：洞察在表象之下发生的事情。它的关键在于去理解某种行为，而不是找借口；去处理导致某种行为的原因，而不是行为本身。

说到这里，我们就得提到界限这件事。每个家庭都有自己的一套规则。我家的规则是：当孩子在闹脾气时，他们可以捶打枕头或者尖叫，但是不允许打人、摔门或者砸东西。杰克一般会采取"超级冷静法"——抱住自己的身体。但如今，他发脾气的次数已经越来越少，频率也越来越低。爱丽丝则刚刚开始闹三岁小孩脾气，她会咆哮——那是世界上最棒的声音！我不想让他们以为，显露自己的心烦意乱是不被允许的，因为能准确知道自己正在体验的情绪，其实是一种优秀的能力。

随着孩子渐渐长大，我们得慢慢学会控制自己，但如果一开始就不让孩子体验激烈的情绪，他们又如何学会控制呢？因此，偶尔让孩子体验一下剧烈的情绪吧。另外，如果你看到其他的孩子在释放剧烈的情绪，也请不要翻白眼。如果可以的话，请对他们报以微笑，并予以鼓励。

24. 永远地失去一些东西

你知道《海底小纵队》[1]里的企鹅皮索吗？杰克在两岁的时候疯狂迷上了皮索，还有一个皮索的塑料玩具，它能在地上移动。他想把这个玩具带到托儿所去，我说不行。他求我，我还是说不行。最后，他实在把我闹得有些心烦意乱，所以我对他说道："可以，但如果你把皮索弄丢了，他就再也不会回来了。"

"没问题。我不会弄丢皮索的。"他答道。

之后发生了什么，你们大概也能猜到了。我没有为了帮他找皮索去把托儿所翻个底朝天，也没有重新给他买一个新的。我事先已经跟他说清楚了，事后就不会反悔。这就是纳西姆·尼古拉斯·塔勒布的"反脆弱性"在现实生

1　《海底小纵队》：英国儿童电视节目，由同名的加拿大儿童书籍改编，讲述了八个可爱拟人化小动物组成的海底探险小队的故事。

活中的体现：虽然当时他很难过，但这能帮助他不再犯类似的错误。吃一堑，长一智。

过去几十年中，父母们发明了许多天才的手法，来防止孩子丢失玩具：比如多买一些玩具手帕[1]（爱丽丝大概有七条这样的兔子手帕），或者在泰迪熊身上连一条松紧带，把它缠在孩子腰上（出门旅行时格外有用）。当然了，还有大招——给所有玩具贴上标签。但是，你得让孩子明白，如果他们把玩具带到别的地方去，就有可能弄丢，这个风险是真实存在的。这能让他们懂得珍惜，照看好自己的物品。

---

1 玩具手帕：动物玩偶的头连接着柔软的手帕，是用来安抚婴幼儿的一种玩具。

25. 让宝宝和你一起洗车

最开始，我打算把这个冒险建议留给年龄更大一些的孩子，但正如许多其他生活技能，如果在你认为该开始学习的年纪才开始，那就已经晚了——早一些学习，还能让他们早一些开始为自己挣零花钱。

因为我个子矮，所以特别不擅长洗车，而且我也没有经常洗车的习惯。我不介意自己的车看起来脏脏的，但是孩子们在把车弄脏这件事上可是极有天赋的。在我看来，汽车公司早该开发一款新的清洁产品，专攻粘在车座椅上、被咀嚼过之后变得干硬的牛奶饼干。孩子们也应该早早学会清理这些他们自己制造的污渍。而且，孩子们都热衷于玩水、玩泡沫（除了大冬天的时候），你还可以借此

机会教育孩子要节约用水。

一开始,你可以只把整个洗车流程中的一小步交给孩子。我曾经让三岁的女儿花十分钟来擦洗轮毂盖[1]。十分钟之后,我看到了这辈子见过的最闪亮的轮毂盖。随着孩子渐渐长大——也渐渐变高——他们就能参与到更多的洗车环节之中,直到有一天,他们可以完全靠自己把车清洗干净。

---

1 轮毂盖:车轮外部的金属盖,里面连接着转动轴。

鼓励孩子挑战自我

不论你的孩子有没有去过托儿所,有没有上过学前班,真正开始"上学"都是孩子成长过程中的一大步。我记得杰克在第一个学期里,总是每到周四就已经精疲力竭,到了周五晚上,基本就直接瘫在沙发上了。但是,学校给孩子打开了家庭以外的世界,通过学校的生活,你能偶尔窥见孩子日后可能会成长为什么样的人。他们如何面对操场和教室里的复杂情况,如何安排自己的生活,这些都会对他们的人生产生深远的影响。这个阶段的冒险活动,能帮助你在自由、安全的环境下培养孩子的这些技能,同时还能提升他们的安全度和安全感。

26. 直面尴尬的社交情景

作为老师，我接到过许多家长的电话，以各种理由希望我取消孩子放学留堂的惩罚，比如孩子也很抱歉、很忙、没有做这件事——还有我个人最喜欢的一个——其实都是家长的错。我的学生可都是青少年，如果孩子在15-17岁，家长还会站出来替孩子说话，那可以肯定的是，这些家长在孩子小的时候就开始这么做了。这种做法很有可能导致孩子无法学会替自己发声。

这些尴尬的社交情景，其实是很好的学习和成长机会。如果你的孩子在学校里遇到了什么棘手的情况，或者和朋友吵架了，跟他们好好谈谈，询问他们在这个情况下想得到的是什么，这样又会导致什么结果。可以进行角色扮演，让他们先在家试试该如何处理。记住，尴尬的社交情景的最好结果，就是能演变成给孩子的一堂课。类似的事件和人际交往，会深深影响孩子的成长。

记住，我不是让你对校园霸凌等严重的事件睁一只眼闭一只眼。我的意思是,如果要干预,就要确保这件事的确严重到令你不得不干预,而且也得是在孩子已经尝试过自己解决问题之后。

最糟糕的育儿方式,就是用令孩子尴尬的方式去处理他们的问题。如果你这样做,他们以后再也不会把类似的事情告诉你。试着和孩子建立可以诚实沟通的亲子关系。你的工作主要在于给他们提供必需的工具,然后相信他们,放手让他们自己去处理这些问题,并让孩子明白:如果他们需要帮助和建议,可以随时来找你。

27. 鼓励孩子做一些不擅长的事

我们每个人都至少有一件特别不擅长的事,比如我特别不擅长手球。学生们在学校里玩手球时,偶尔也会叫我加入,但说实话,那场面十分尴尬。我知道我应该用成长型思维[1]来看待这件事。可是,我难道就不能有一些不擅长的事吗?我可不打算只为了在一群青少年面前不出洋相,就花上一万个小时[2]来锻炼自己的手球技巧。

为了提高孩子们的综合能力,我们必须让他们接触一些自己不太擅长的东西。不是所有的事都适合所有的孩子,但是让他们尝试一下总没有坏处,尤其是当你的孩子

---

[1] 成长型思维:由心理学家卡罗尔·德维克提出,这种思维模式相信天赋只是起点,人的才智可以通过锻炼来提高,只要努力就可以做得更好。

[2] 来源于"一万小时定律"——只要坚持做一件事达到一万个小时,就会成为该领域的专家。

已经在某件事上十分擅长的时候。

　　假设你的孩子在某项体育活动上出类拔萃，在学校里一直只参与这一项活动。然而到了高二，由于某些原因，他没能入选这项运动的校队，想想这时他会受到多大的打击，他会有多么伤心，而且全家人都会因此感到难过。我见过类似的事情发生在太多学生身上。大部分人都会觉得，第一次遭拒是最难过的，原因很简单，因为他们之前从来没有被拒绝过，还没有对此建立强韧性，也没有类似的经历能帮助他们理解眼前的拒绝，更别谈如何去应对了。

　　鼓励孩子做自己不擅长的事，鼓励他们在遭到挫折时坚持不懈，能够促进他们的社会情绪能力学习[1]。孩子们需要意识到自己有不擅长的事，这样他们在自己擅长的事情上就会信心大增。这么做还有一个好处，那就是让他们体验一下在某件事上能力不足是什么感受，当他的朋友和亲人遭受拒绝时，他就能表现出更强的共情能力。记住，一味的一帆风顺，只会让以后的生活显得格外困难。

1　能促进孩子的情绪处理能力和社交能力的学习。

28. 向孩子展现自己的弱点

作为父母，我们当然都希望自己的孩子是永远都不被打败的小超人。这种想法很正常——就像你也希望自己是全世界最好的家长。但如果孩子从来没见过你的失败，那么他们很难明白，失败是人生中常有的事。

我曾经和许多孩子正在经历困境的家长们聊过——这些困境也许是学习上的、社交上的，等等。大部分时候，这些家长会告诉我，其实他们自己也经历过与孩子类似的困境。但如果孩子没有亲眼见过你经历这些人生中的不如意，他们也许不会相信"失败是成功之母"这句话，更不会接受成长型思维模式，毅力也就得不到锻炼。

而且更重要的是，为人父母确实是一件很困难的事，你可以偶尔承认这一点，承认你觉得有些疲惫。如今，父母们需要同时兼顾的事情更多：也许你有一份全职工作，也许你是单亲母亲或单亲父亲,你要时常和托儿所或者学校沟通,还要在放学之后带着孩子去参加各种培训补习班。

如果你在家或在工作中遇到了不顺利的事,虽然不应该把孩子当成你的倾诉对象,但适时适度的坦诚是有好处的。如果孩子对你说,他今天在学校过得不太开心,你可以告诉他,这非常正常,你也有不开心的时候。当我六岁的孩子第一次说我看起来好像压力很大时,我非常吃惊,同时又非常骄傲。我不想让他知道我压力很大,但他能如此准确地察觉我的情绪,又令我十分开心。如果你能诚实地让孩子看到你的这些情绪,他们就会在自己经历这些情绪时,感到更加安全。

29. 点蜡烛

有些很不起眼的冒险，其实能给你机会去和孩子聊一些更严肃的问题，比如通过用火柴点燃蜡烛，你可以和孩子聊聊火的原理和应用以及火的危险性。作为父母，我们本能地想保护孩子，直到确定他们能面对这些问题了，再和他们沟通——但让他们学会面对这些问题的唯一方法，就是让他们亲眼看到、切身感受到。

我的一些朋友每次吃蛋糕，都会让孩子动手点蜡烛，不仅仅是点燃，还要吹灭生日蛋糕上的蜡烛。这样做不仅能让孩子觉得好玩，还能让他们充分认识到火的危险性。另外，你也能对家里蜡烛的摆放位置了如指掌，因为你会经常使用它们，多棒啊！

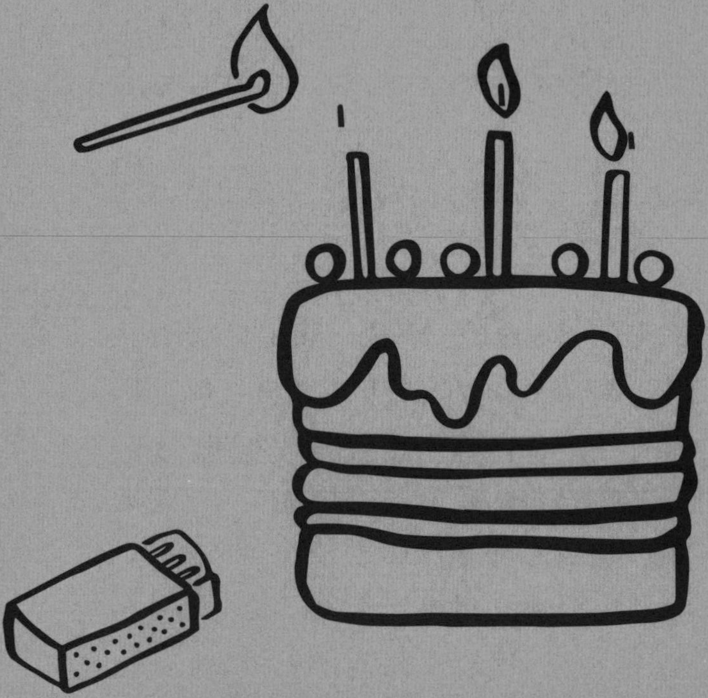

30. 让孩子去搭配衣服

我儿子经历过这么一个阶段，只愿意穿灰色裤子配灰色上衣，或者蓝色裤子配蓝色上衣。我有个朋友是时尚杂志的编辑，有一天，我跟他聊天，说我觉得我儿子穿衣服很土。可我朋友告诉我，这叫同色系搭配法。谁能想到我儿子竟然是个时尚达人呢？

给孩子诸多选项，让他自由选择，这点非常重要。不同的选择能给孩子权力，培养他们的自主性，让他们有更好的自我意识。让孩子自己去搭配衣服吧，只要衣冠整洁就行。下一次你出门买衣服时，让他们自己给自己挑。但正如我们之前提到过的，为他们划出一个界限十分关键——"你需要一条保暖的裤子、一件毛衣，你最多能买

两件T恤，总预算得控制在这么多以内"。但在最终的决定上，给他们一些发言权。让他们自己选择衣服，还能免去许多你和他在该穿什么这件事上的争论。

既然提到了时尚，那我们就不得不说一说针对孩子们的性别规范[1]。我的第一个孩子是男孩，第二个是女孩，令我感到非常崩溃的一点是，给小女孩穿的裤子上从来没有口袋，不像小男孩的裤子，能让他装下树枝、树叶、鹅卵石和各种各样的宝藏。另外，似乎所有小女孩的睡衣上

1　性别规范：指导男性和女性分别该如何表现自己、如何为人处事的社会规范。

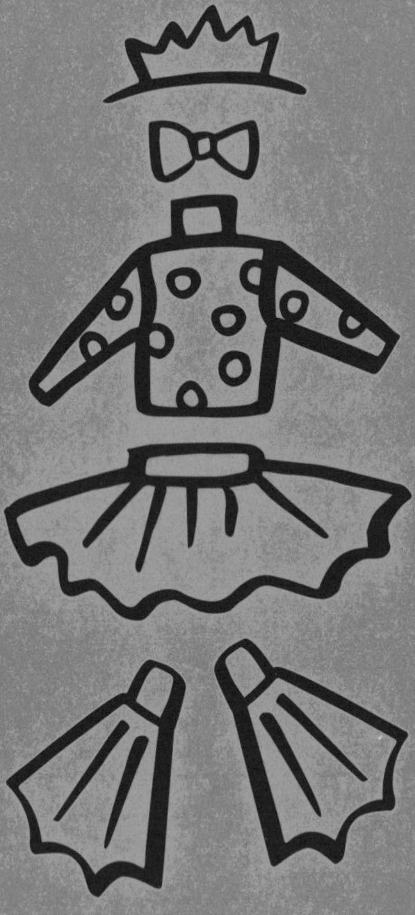

都印着各种公主的图案。我从来没想过会就独角兽这个话题，在内心和自己展开激烈的哲学辩论，但有一天，我不得不在货架前仔细思考，给女儿买印着独角兽图案的东西，是不是与我想把她教育成女权主义者的意图不符。在这里，我想引用时尚作家和小说家玛吉·阿尔德森的话。关于该不该让小女孩穿粉红色衣服这个话题，玛吉认为，如果你的孩子就想拿五种深浅不一的粉色来混搭，欣然接受吧，以免她出于叛逆心理，在长大后迷上穿雪纺和芭蕾舞裙，把自己打扮得像宝贝辣妹[1]或者安娜·妮可·史密斯[2]。

所以，无论他们是更喜欢带着褶皱花边的粉色系，还是迷彩图案的蓝色系，尊重他们自己的选择吧，这是他们个人性格的外化。当然了，你不能让他们每天都穿成艾莎[3]，但如果是在某个周六的早上，你们也不准备出门，那么这么穿又有何妨呢？而且，如果大部分时间你都允许孩子自己做选择，那么当你需要他穿上诺拉阿姨送的毛衣，就穿那么一次时，他应该会更愿意迁就你。

――――――――

[1] 宝贝辣妹：英国流行乐女子音乐组合辣妹组合的成员之一。
[2] 安娜·妮可·史密斯：美国模特、演员、名流。
[3] 艾莎：动画电影《冰雪奇缘》里的公主。

31. 明白事情出了岔子

人生充满了各种各样的风险，飞机会被取消，事情的发展会出岔子，但正是我们面对风险的方式，面对逆境时韧性的强弱，决定了我们是什么样的人。当一切都很顺利时，保持强韧性并不是什么难事，但当一切都不如意时，可就不一定了。2020年，我们目睹全世界陷入停滞的状态，所有人不得不躲在家里。计划都被搅乱，学校都被关停，有的人失去了工作，有的人失去了生命。那时，爱丽丝只有三岁，我并不介意多一些时间在家待着，但是杰克却切身感受到了失去朋友的失落，因此在和自己妹妹相处的时候，往往显得心烦意乱。

作为父母，我们当然不希望让孩子失望。我们不愿意临时改变计划，不愿意因为贝利尔姑婆的八十大寿，阻止孩子去参加朋友的生日聚会。但作为成年人，我们经常要放弃做自己想做的事，转而去做那些自己不想做但必须做的事（如参加五岁小孩的生日聚会）。我们总有一天得让孩子习惯这些事，不是吗？

所以你要如何告诉孩子事情发展并不如我们所料呢？你能做些什么？你可以让他们换个角度看问题——提醒他们，生活中充满了爱和许多值得感激的事情。你可以跟他们商量备选计划：既然原本的计划行不通了，你现在要怎么办呢？你如何重新制订一个计划，甚至让它比原计划更有趣？当事情不顺利时，请记住，孩子能借此机会学习该如何应对这种情况，这对他们的未来很有帮助。

人生不会永远一帆风顺，这句话还有一层更深的含义：父母可能会分开，亲属可能会去世，我们的悲痛也会达到一个新的层次。死亡就和交税一样，是生活中必然存在的一部分，但我们应对它的方式千差万别。要如何跟孩子谈论死亡，这是一个非常个人化的选择，但一般来说，要处理这类有些不知如何开口的话题，最好的办法就是在孩子年龄合适之时，和他坦诚相待。

32. 可以不给孩子买那样东西

战斗陀螺[1]、战锣、精灵宝可梦……学校里有许多孩子会炫耀自己拥有的东西,这很容易让你的孩子觉得很不公平,因为自己没有最新款的超级爆能枪或者别的什么流行玩具。

父母们往往认为,最好的选择是花上几十块钱给他买那个玩具,或者让他挣够了零花钱自己去买,但真是这样吗?归根到底,生活中充满了各种各样的区别对待,生活本就是很不公平的。我不是让父母们永远不给孩子买玩具,只是想说,不用每次都得赶上学校里的玩具热潮。你的孩子也可以拥有其他的东西,有其他的事情可以做,其

---

[1] 战斗陀螺:一种陀螺玩具。

他的食物可以吃。你的孩子是在爱中成长的，他不需要那些最时髦最流行的东西，而且这也许能让他更理解、同情那些从来无法赶上学校里的潮流的孩子们。

33. 洗衣服时，孩子能做点什么

我曾经和一个从来没有给自己洗过衣服的人约会过。他可是个正经的成年人。这项冒险活动的意义在于防止你的孩子变成那样的人。

这项冒险活动可以在孩子五岁之前就开始。爱丽丝才两岁的时候，我就要求她在准备洗澡之前，先把脱下来的衣服扔进洗衣篮里。至于杰克，他还没满八岁，就能独自把洗衣篮搬下楼，给自己的衣服（和篮子里一半的脏衣服）喷去污剂。但出于对真正风险的把控，最好不要把放洗衣粉或洗衣液的工作交给太小的孩子。

这项冒险活动非常能促进你和孩子的交流。洗衣服的第一个步骤，就是坐在地上给衣服分类。每次洗爱丽丝的玩具手帕时，她都会坐下看着转动的滚筒，然后我们一起把洗好的玩具手帕晾起来，就跟雪莉·休斯的绘本《豆豆》一样。你们可以就"袜子应该成双成对地晾还是晾干了再配对"展开严肃的讨论，或者聊聊为什么把衣服挂起来晾干对环境更加有益，你们可以想谈什么就谈什么，直到衣服全部被叠好收起。

洗衣服是一种参与到家庭生活中的方式。当然，让孩子负责洗衣服确实有一定的风险，比如白衣服被洗成粉色的，或者一些材质特殊的衣服会惨遭蹂躏（建议父母们认真对待这个潜在的风险，暂时不要把羊绒衫交给孩子），但是为了培养孩子的独立性和责任感，牺牲几双袜子、几条短裤都是值得的。这项冒险活动也可以让父母们少洗几件衣服，每个人都能从中有所收获。

34. 来商量晚饭吃点什么

每个家庭对于晚饭的安排都不太一样。有些家长们会工作到很晚，所以不能和孩子们一起共进晚餐，而有些家庭每天都会全家一起吃晚餐，有些则会坐在一边看孩子们吃意大利肉酱面或者香肠配蔬菜，等孩子上床睡觉之后，再一起吃一顿适合成年人的晚饭，因为他们实在不想吃意大利肉酱面或者香肠配蔬菜了，哪怕只是一顿。

如果条件允许的话，每周全家应该共进几次晚餐，这对培养亲子关系和家庭凝聚力十分重要。同时，也不要每顿晚饭都围着孩子转。如果你一直只做符合孩子们口味的晚饭，那么首先，你很快就会厌倦每天都做（还有吃）一模一样的东西。其次，孩子们的味蕾也得不到培育和发展。此时，这项冒险活动就能派上用场了。

在计划每顿吃什么时,让孩子也参与进来。不是说让父母们把决定权全部交给孩子,然后全家晚饭都吃蛋糕,而是说,让他们参与到讨论的过程之中。教他们如何妥协,如何去适应每个人的偏好,而不是总要父母去迁就孩子。这还意味着给孩子立下规矩:他们不一定要喜欢自己吃的东西,但是至少要尝试一下。

这项冒险尤其适用于点外卖的时候,既然不需要自己做,那么你们可以更加大胆地选择食物(不用每次都点比萨了)。

35. 偶尔也可以不同意他们的想法

作为老师,我让许多孩子承担过自己的行为造成的后果:没有穿校服、没有做家庭作业、待人粗鲁,等等。几乎每个人——尤其是女学生——都会条件反射地说:"太不公平了,××也做了这样的事。"贾斯汀·科尔森医生在他出色的TED演讲里曾谈到过"反叛者"。我们都爱反叛者,但是"坚决不愿他们出现在自己的客厅里"。他还指出了那些翻着白眼、爱顶嘴的"条件反射型反叛者"和热爱思考的"深思熟虑型反叛者"之间的区别。一个深思熟虑的反叛者,会在反叛之前先想清楚,或者在反叛的时候注意尺度。这项冒险活动需要在你和孩子因想法不同而发生争执时,尊重并接受孩子说的话,这样能帮他们转变为深思熟虑型的反叛者。

争执、分歧、辩论、斗嘴,这都是生活中的一部分。

不管是在婚姻中、职场上还是和朋友之间，我们迟早会碰上与人意见相左的情况，而且这些情况很容易就会恶化。你也许会过于有攻击性，或者过于被动。你也许会开始攻击对方，开始对人不对事。你也许会过于情绪化，会完全无法站在对方的角度看问题，甚至会夺门而出。

作为父母，我们眼看着孩子面对分歧时的反应随着成长而慢慢变化，一开始是号啕大哭，然后他们学会了说不，学会了发脾气、气冲冲地走开，接着他们开始争论、骂人，甚至拒绝沟通。我们必须要承担起这个风险，要教他们如何与人争论，如何积极有效地应对分歧。我们得让孩子们学会妥协，并向他们解释：有些时候（好吧，大多数时候）就是得听我们的，因为我们才是家长。但同时，我们也希望孩子们能在尊重的基础上对权威表示质疑。我们希望他们永远不要停止问"为什么"，也希望永远不要接到校长的电话，说自己的孩子是"问题学生"。

如果孩子认为父母过于专制，认为和父母争论毫无意义，这会让他觉得自己没有任何能力为自己说话。另一个极端则是，每当孩子表示反对时，父母都会迁就他。长此以往，当孩子走上社会、与人产生分歧，而那些人又不像父母一样无条件地爱自己时，他们会产生巨大的心理落差。

我想提醒各位，我们作为父母的一些行为，对培养孩子的争辩能力毫无帮助。"我说了算"之类的话，没有给孩子们任何尝试回应的余地；对他们说"没有'如果'和'但是'，照做就行了"，会阻止他们思考自己在不同情形下会有什么不同反应。然而，有些情形确实是"没有'如果'和'但是'"，你必须对孩子说"照我说的做，因为我说了算"。但有些情形则没有那么紧急，你有足够的时间和空间跟孩子探讨，你可以解释为什么要让他们那么做，可以问问他们有没有想到别的应对方法。你可以教他们使用这样的句子："我明白你说的……但是我的想法是……"你甚至可以教他们如何把自己的观点写下来，并解释自己为什么会这么想。帮助他们理解什么是建设性批评，让他们明白每个人都有自己看问题的角度。

学习如何直面分歧、表达异议还能让孩子学会建立起属于自己的边界，同时也学会尊重别人的边界。在学校里，他们有清晰、成文的边界——就是学校的校规——但随着他们渐渐长大，外界赋予的边界会越来越模糊。因此，他们需要树立自己的边界。我们希望孩子明白，当他说"不"时，虽然我们反驳了他的观点，但他的拒绝是被我们尊重的,他的观点我们也认真倾听了。正如科尔森医生所说,成为一名深思熟虑型的反叛者,意味着孩子们在未来面对同伴压力[1]时,能站出来维护自己的边界。

另外,如果你担心你的孩子太喜欢跟人争辩,我强烈建议你指导他向学校辩论队的方向努力。

---

[1] 同伴压力:因害怕被同伴排挤而放弃自我,做出顺应他人的选择。

36. 整理书包

我们每天出门都会带上自己需要的东西——钱包、手机、零食以及健完身之后要穿去上班的衣服等等。我们（大部分时候）能记得带上所有自己需要的东西，因为在这件事上，已经有过很多年的训练了。无论是上学、去朋友家留宿，还是出门旅行，学会打包所需物品都是一项必备的技能，孩子越早掌握越好。

作家萨莉·韦伯在网站"旅行不流泪"上称，孩子从三岁开始，就可以自己整理书包，或者至少自己重新整理书包。这项冒险活动可以从一些不重要的事情上开始——让孩子选三个玩具和三本书，放进自己的书包里。下一步可以是出门旅行要穿的衣服。你可以给孩子设定一些限制性条件，比如天气状况，或者要带旅行箱还是双肩包，等等。在打包洗漱用品时，也可以让孩子参与，但哮喘吸入器和镇痛药就不要指望他们了。

随着孩子的成长，这项冒险还能变成一个学习认字的活动：让孩子们写下一份清单，列出他们需要打包的东西。你可以给他们一些提示，比如打包一些搭配好的衣服，带上适合在沙滩上穿的鞋，等等。

出门度假时，我们可不能把什么都带上。这项冒险活动能让孩子明白，生活中充满了选择，而每一项选择都有附带的机会成本[1]。往包里装十个豆豆公仔[2]意味着，没错，他们能拥有全部的豆豆公仔，但同时也意味着他们没法带上任何书或者游戏了。不过，我们有时候确实会忘记带上某些重要的东西，如内裤。但这是个能让孩子学着解决问题的好机会，而且他们以后大概再也不会忘记带内裤了！

---

1 机会成本：指在决策过程中面临的众多选择里，那个被放弃的价值最高的选择。

2 豆豆公仔：一种使用豆状聚氯乙烯材料作为填充物的绒毛玩具。

37. 与他人对话

教导孩子如何与他人对话是十分重要的,这不仅能提高他们的社交能力和韧性(因为有时候对话会往意想不到的方向发展),还能提高他们的共情能力。通过和他人的沟通,可以让孩子学会如何做一个更善良的人。

记者兼作家朱莉亚·贝尔德曾在一篇文章中谈到过自己的育儿经历,我记得她说:"在我家的晚饭餐桌上有这么一个规定,当有大人来做客时,每个孩子必须问大人至少两个问题,这能让他们学会考虑、关注身边的人,而不是反复地回答一些老套的问题,比如'最近学习怎么样'。"我试过在自己家施行这条规则,但说实话,这么做的风险是:我完全无法预料孩子们会问什么问题,他们也许会问"你为什么没有头发",或者对刚刚分手的人说"你男朋友怎么没和你一起来"。正如我之前所说,这是培养孩子共情能力的大好机会。

心理学家朱蒂丝·洛克有一个"三个问题"准则:如

果你已经问了你的孩子三个问题,而他一个问题都没有问你,你应该停止说话,给他一点时间,让他想一个可以回问你的问题,并提醒他,交流应该是双向的。

教你的孩子什么是封闭式问题[1],什么是开放式问题[2],当他们提出封闭式问题时,用简单地回答"是"与"否"来提醒他们提问的性质。一名非常优秀的初中老师曾经在一次职业教学会议上提出"冰激凌,而不是爆米花"这个概念:在对话中,你的回答应该像冰激凌一样,每一勺冰激凌球都堆在对方上一勺冰激凌球的内容之上,而不应该像爆米花,随意而突兀地冒出来,和之前的内容毫无关联。许多成年人也仍然面临这样的问题,比如我。我的大脑经常会把看似毫不相关的想法联系起来,而这个关联只有我自己清楚。从视觉上来说,一勺一勺堆起来的冰激凌球,会让孩子们更容易理解。

确保你的孩子有话题可以聊。如果连合适的内容都没

---

1 封闭式问题:指提问者提出的问题带有预设的答案,回答者的回答不需要展开。

2 开放式问题:指提问者提出的问题不设置任何备选答案或可供参考的提示,而是回答者给出自己的回答。

有，对话就变得非常棘手了。只要条件允许，你应该尽量鼓励孩子发展自己的兴趣，并多多和他分享奇闻逸事，多聊一些你们共同感兴趣的话题。为了和孩子们有共同语言，我甚至专门去深入了解了游戏《我的世界》[1]。现在，有许多专门为儿童播报每日新闻的播客，如"好奇小孩看世界"。它们会用适合小孩的语言来播报时事，你可以和孩子一起听、一起探讨。

同时，别忘了让你的孩子们多与彼此（或者表亲和朋友们）沟通交流。如果你在派对上看见一群人，而其中有一个格外健谈，这个人十有八九有许多兄弟姐妹。

---

1 《我的世界》：一款开放式沙盒游戏。

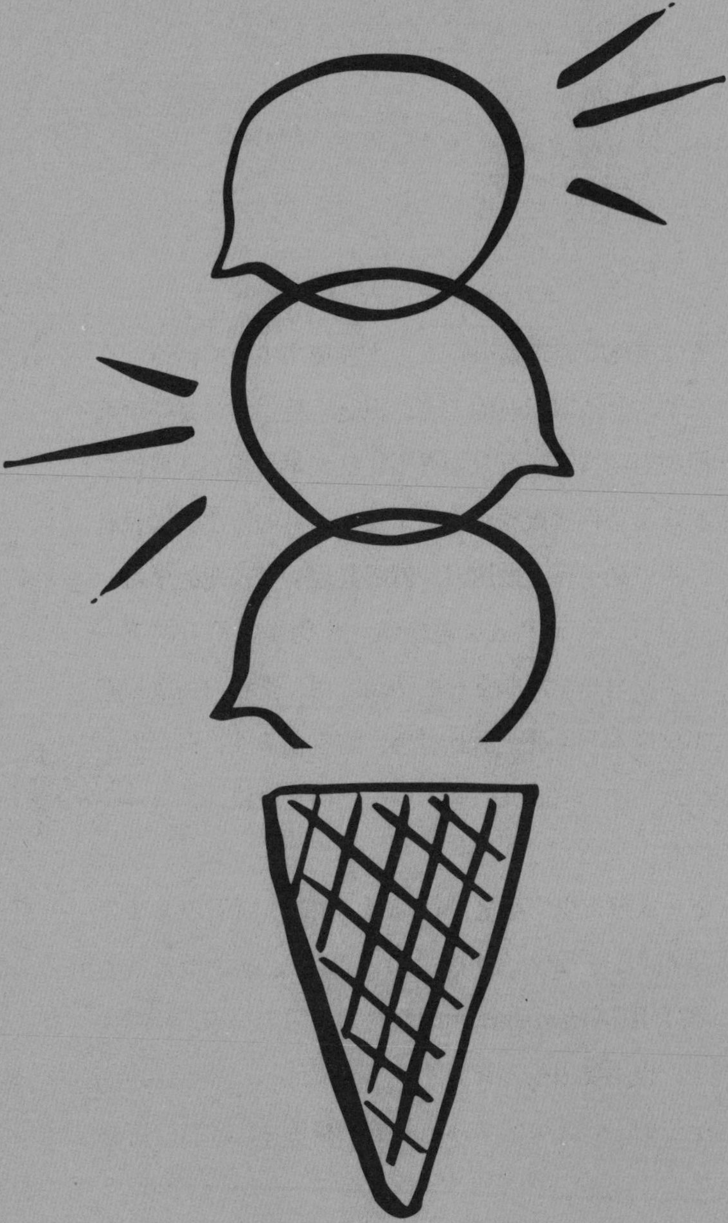

38. 雕刻肥皂

有些技能听起来就很吓人，比如使用尖锐的器皿，许多家长都对此采取回避的态度。但是，使用刀具是一项重要的肌肉运动技能，况且如果不让他们学会用刀，他们怎么在厨房里帮你做饭呢？教孩子使用刀具的方法其实只有一个，那就是……让他用刀。就跟其他一切技能的学习一样，越早开始，他们就会越娴熟。作为学习用刀的第一课，雕刻肥皂是一项非常好的活动。用一把餐刀去雕刻肥皂，不仅成本非常低，而且有趣，富有创造性，但会把家里搞得有些乱（同时又一尘不染），而且没错，是有一定危险性的。

下一次超市里的肥皂进行量贩促销时，你可以多买一些（别担心，一定都能用完的）。然后，选一把正常的刀。不要用那种给小孩子用的塑料刀，因为那种刀什么也切不了；也不要用极其锋利的日本生鱼片刀，那不仅会浪费你上好的刀，还会浪费你上好的几根手指。和孩子聊聊刀具的使用安全，演示一下正确的握刀方法，让他们记住永远不要冲着自己的方向下刀。

接下来，在肥皂上划出自己想要的形状的轮廓，向孩子演示如何把肥皂削成那个形状——再次强调，不要把刀刃冲着自己。然后让他们来试试。如果你的孩子专注力很强，总是希望把东西做得非常漂亮，那么这项活动可以持续好几个小时。

当孩子雕好精美漂亮的鲨鱼、吸血鬼、字母、怪物、自行车或者澳大利亚的地图之后，把所有的碎屑收集起来，你可以把它们做成好闻的肥皂（另一个差不多已经失传的技能），当成小礼物送人，也可以在泡澡的时候用掉它们。

39. 让他们准备好单独行动

这项活动有点像是为世界末日做准备：一方面，你希望这天永远不要到来；但另一方面，等到那天真的来临之时，又希望能做好万全的准备。因此，这项冒险活动针对的并不是孩子们，而是父母。让孩子独自走进这个巨大又野蛮的世界，实在可怕，但是这一天迟早会来，也许是在青春期，也许更早，也许它是有计划地发生的，也许自然而然就发生了——他们也许会在超市里和你走散，或者在公园的树林里跑来跑去，找他们弄丢的球，然后突然发现已经不知道自己身在何处（只是一个假象的情况）。你得在那一天到来之前，就让他们做好准备。

问问自己下面列举出的这些问题吧:

- ☑ 你的孩子知道你的真名吗（而不只是"妈妈"和"爸爸"）？

- ☑ 他知道你的手机号码吗？如果他联系不上你时，该联系谁？

- ☑ 他知道自己家的地址吗？你家附近有没有学校、商店或者某种路标，能够帮助孩子指出自己的家？

- ☑ 如果遇到紧急情况，他知道该怎么做吗？知道如何报警吗？

- ☑ 以及最关键的问题：他们能否意识到自己身处险境？

我陪着杰克练习过复述我们家的地址，还教他如何使用手机。我们一起背诵了我的手机号码。我想，如果他有一天遇到了什么危险，这些信息将会非常有用。然而，几周之后，我收到了一个陌生号码发来的短信："嗨，我的孩子和你的孩子是幼儿园的同学，我想两个孩子可以约个时间一起玩，杰克就把你的手机号码给我了，希望这个号码是正确的。"

所以说，这项冒险活动的风险之一，就是你作为社交小秘书的工作量会显著增加。

但是，要让孩子们做好单独行动的准备，最重要的是教他们分辨自己是否身处险境。现在的学前班都会教孩子"内衣原则[1]"，让他们懂得关于自己身体的安全常识，并让他们列举出"五个英雄"：五个自己完全信任的大人。除此之外，多和孩子们聊聊到底什么才是安全。陌生人当然可能对孩子构成危险，但如果孩子必须得在"绝不和陌生人说话"与"迷路之后找陌生人帮忙联系自己的父母"之间选择呢？到底哪个才是更好的选项？另外，还可以跟

1　内衣原则：旨在提高儿童保护自己隐私部位的意识。

孩子说说，家附近的这片区域里，哪些人是可以信任的。

　　在我小的时候，我们有一些"安全屋"。你可以看见附近有哪些房子的大门上贴着表示友好的贴纸，说明这家住户通过了犯罪背景调查，是可以被信任的，如果有孩子需要帮助，可以敲他们的门。可惜，这项行动在几年前被终止了，原因之一就是，现在的孩子到哪儿去都是父母开车接送，所以"安全屋"已经没有存在的必要了。从这件事上可以看出，我们不让孩子冒一点风险的行为，反而会让这个社会更加不适合孩子去冒险。

40. 养宠物

我们曾经养过两条狗，小鬼和土匪，但当爱丽丝出生之后，我们不得不把狗送给朋友养，因为它们（狗们，不是朋友们）非常不适应自己在家中的地位被两个小朋友取代。为了表达不悦，它们反复在孩子们的玩具上尿尿。我和我丈夫都有全职工作，实在没法照顾两个孩子再加两条狗，而把孩子送人又显得有些反应过度了。

不过，杰克现在已经上学了，我想起自己小时候家里养过的一条狗，叫红毛。我和哥哥会一起喂它，带它散步，它会在看电视的时候坐在我们的脚上，然后跳到我们跟前，再放一个响屁。我们的父母——两位优秀的律师——让我哥哥（七岁）签署了一份关于狗的所有权的合同，上面列出了所有他需要负责的工作。（但其实并没有那么有效，因为上面没有一个小节写了，如果孩子在满十八岁之后出国了该怎么办。）

保证自己的宠物能活下去，是一件非常有意义的事。

它能培养孩子的责任感，提升共情能力，教会他们什么是友谊与陪伴（当然了，除非你养的是寄居蟹）。养宠物是有风险的，但这取决于你们养的是什么宠物，你们可能会面临健康问题（宠物的）和卫生问题（你和家人的，因为宠物会捣乱）。当然了，每一个生命都有逝去的时候，养宠物意味着在未来的某一天，你们全家人会一起为它哀悼，你们会谈及死亡，正如我们在第31个冒险活动里谈到过的。

　　研究表明，宠物会提高孩子的自尊心和抗压能力。所以说，让孩子养宠物能提高他们的责任意识、自主能力，并带来一定的社交收益。如果你实在养不了狗——我真的不建议选择养狗，除非全家人都很想养——那么也许一条鱼或者一盆植物都是不错的选择，既能达到相同的目的，又不会过于耗费精力。我们答应杰克可以先养一条鱼，如果鱼能顺利活下来，再探讨要不要养狗。

41. 让孩子自己走一段路

2018年,澳大利亚国家心脏基金会就孩子们上学的方式进行了一项调研。调研结果表明父母普遍倾向于规避风险,尽管这么做会增加孩子日后的生活风险。据数据显示,只有15%到20%的孩子是走路或者骑自行车上学。选择开车接送孩子的主要原因是更安全,也更节省时间。讽刺的是,大部分家长表示,路上交通太堵塞,不放心让孩子一个人走路上学,而这些父母送孩子上学的车,正是造成交通堵塞的原因之一。家长们还担心,如果让孩子骑车去上学,自己会受到批判,但这些批判并不来自权威,而是来自"当地其他的妈妈们"和"关心此事的普通公民"。

放眼全球,家长养育孩子的方式千差万别。在日本,孩子们从两三岁开始,就被家长鼓励自己出门,甚至还能帮忙跑腿。日本有一档电视节目就叫作 Hajimete no otsuka,意思是"我的第一次跑腿"。在瑞士,75%的孩子都是走路上下学,孩子们上幼儿园的第一天,就会收到一条反光的项链,这样能让路上的车辆更容易注意到他们。在未来的两年里,孩子们出门都必须戴着这条项链,直到他们六岁开始上小学时才可以取下。形成强烈反差的是，2011年，在美国佛蒙特州，金·布鲁克斯把孩子留在车里大约五分钟（窗户是开着的），自己去商店里给孩子买耳机了。几天之后，警察给她打电话，告知她这种行为涉及违法。

在日本和瑞士，如果有孩子需要帮助，每一位路人都有责任给予帮助。而在美国和澳大利亚，我们养育儿女的方法似乎属于一个奥威尔式[1]的社会。日本的犯罪率非常低，澳大利亚的犯罪率其实也不高。不过，在澳大利亚，我们对其他人并不抱有任何期待。事实上，我们很担心其他人对我们的评价和批判，其程度甚至超过和警察打交道。

让孩子自己去学校（或者去商店、去朋友家）是一项复杂的冒险活动，尤其因为关于儿童安全和儿童独自在家、独自出行的法律非常纷繁复杂，况且你还不是一名律师。你的孩子能力有多强，你当地的社区环境，以及是否有合适的目的地，这些因素会直接影响到这项冒险活动的

---

[1] 奥威尔式：得名于著名英国作家、社会批评家乔治·奥威尔，人们用"奥威尔式"来形容他在作品中描绘出的充满极权与监控的社会。

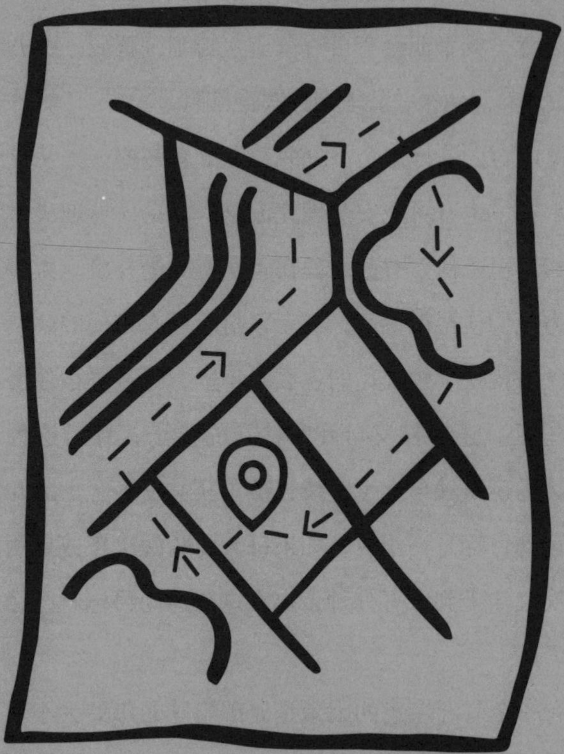

开展。提前用我的例子警告一下各位父母，杰克现在还不满八岁，但我已经允许他偶尔独自走一段路。在接他放学回家的路上，我有时候会让他换一条路线，我们在下一个转角处会合，或者他会在自行车道上骑车，直到一百五十米之后，他转过弯来，我才能再次看见他。

但我认为，进行这个冒险活动十分有必要。即使孩子还不满十岁，也有可能安全地完成这一活动，这取决于孩子本身和环境条件。有些家庭在上学方式上并没有太多选择，因为他们住得很偏远，或者家附近没有方便的公共交通工具。但我在学校工作的这么多年里，见过不少住得只有两公里远，还要靠父母开车接送的孩子，针对这种情况，我认为还是独自上下学能让孩子获益良多。学龄儿童每天的运动目标是一小时，如果每天要骑两次车或走两次路，一次大约十到十五分钟，那么这个运动目标就已经达到一半了。

还有一个需要考虑的因素是兄弟姐妹的年龄大小。一个十岁的孩子和六岁的弟弟或妹妹一起上学，你可能觉得很放心，但两年之后，十二岁的孩子去上初中了，你放心让八岁的孩子独自上下学吗？这是你的选择。孩子的边缘视觉[1]也是需要纳入考虑范围的。研究表明，七岁孩子的边缘视觉比十岁、十一岁的孩子要弱一些。七岁的孩子辨别车辆的能力，还有对自己视觉能力的理解，都还在发展的过程当中。

　　对于上述的一切，最好的答案就是给孩子提供规范的行人安全行为指南，教他们如何从小就做一个负责任的行人。我的孩子们知道在拐角处要停下，有时候我一手拿着购物袋一手牵着爱丽丝，杰克就会自己过马路。我总是告诉他们俩，过马路时要集中精力、行动干脆，孩子在过马路时，最不应该做的就是磨磨蹭蹭。

1　边缘视觉：指视网膜边缘处对眼角以外事物的反映。

42. 坐公交车

让自己十岁的孩子独自搭乘公共交通工具，使莉诺·斯科纳兹获得了"全世界最糟糕母亲"的称号，但她之所以那么做，原因有两个：其一，她的孩子特别喜欢看着地图坐地铁；其二，她认为孩子已经够大了，这么做没问题。

如果你已经教育过孩子如何单独行动，而且他们已经独自出过几次门，跑过几次腿，那么也许是时候让他们搭乘公共交通了。在校的学生搭乘公共交通，一般都能免费或者打折，让孩子适应公共交通，能避免你在将来成为孩子的专属司机。

开始这项冒险活动的方法有很多，也许你可以和孩子

一起搭乘公交，但是不和他坐在一起；或者让他们搭乘较短的距离，如三四站路，你在终点等着他。记住，不要在早晚高峰的时候尝试，并且记得把你的计划告知公交司机，或者提前告诉孩子，如果有人问问题的话，他该如何回答。确保孩子能适应搭乘公交，尤其是那条用来进行这项活动的线路。最终，在某次全家集体出行的时候，让孩子独自搭乘公交前往目的地，你们在终点等着他。

43. 带他们一起下厨

我高二时的英语老师曾说过，每个人都应该学会七道不用看菜谱也能做的菜。实话实说，我现在是一道也不会。记得自己做饭能力的巅峰，大概是生第一个孩子的前一年。从那之后，我被孩子们的挑三拣四屡次击败。给孩子们做饭时总是十分混乱，因此我已经很久没有享受烹饪的快乐了。

当孩子进入青春期时，你希望他们会做哪些菜呢？我建议每隔几个月就给他们介绍一道新的菜谱，以此积累能做出的拿手菜。在决定晚饭吃什么时，让他们也参与其中，一起寻找菜谱。你们还可以一起看《小小厨神》[1]和《菜鸟烘焙大赛》[2]。如果需要更多灵感，一本你们都喜欢

---

1 《小小厨神》：一档儿童烹饪节目。
2 《菜鸟烘焙大赛》：网飞制作的一档烘焙竞赛节目。

的烹饪书也是不错的选择。或者更简单些,就从他们最喜欢吃的菜学起。当然了,这意味着你的晚饭质量将十分不稳定,但是跟最终的收获相比,这一切都是值得的。想象一下,终有一天,你不用每天都给全家做晚饭了。

你还应该给孩子介绍一下厨房的后勤和供需问题,和他们一起制订购物清单,聊聊预算,以及如何避免浪费食物。(如果你买了一袋洋葱,但只用了一个,那剩下七个怎么办呢?)让他们自己阅读菜谱,但开始时,可以陪他们一起下厨,帮他们收拾一下菜,多提醒他们注意安全使用刀具,等等,然后再循序渐进地把这一切交给孩子全权负责。我还有一个大胆的建议:在他们做菜的时候,给自己倒杯红酒吧。毕竟,你只需要充当整体指挥和质量监督的角色。等他们完全学会做这道菜了,再让他们学一道新的。

你得尽量让孩子享受这个学习过程,但是别忘了,在现实生活中,可不是人人都是厨神。烹饪并不是一直都这么好玩——有时候,你只是不得不做一顿饭而已。

44. 写封感谢信

收到一封感谢信，是多棒的事啊！一封手写的、盖着邮戳的、真正的感谢信。写感谢信，是我们必须教给孩子的一项技能。好吧，拥有感恩之心，并没有什么风险可言，但是感恩之心的缺失却是存在风险的。把别人的善意视为理所当然、天经地义，是一种风险；养成依赖型人格，也是一种风险。让孩子学会感恩，从很小的时候就应该开始。

拥有感恩之心的益处，已经被广泛地探讨过，许多研究都讨论过，也有很多人在TED演讲里谈过。经常表达感谢的人更健康、更快乐。当然了，并不是只有写感谢信才算表达感谢，我们表达感谢的方式可以（也应该）是多种多样的。每天写下三件发生的好事（或者更进一步，三个帮助了你的人），能显著提升心理和身体健康，甚至还能减少疼痛感。有些研究表明，感恩之心能让人拥有更好的睡眠——如果每天睡前都花上十五分钟，记录今天让你感激的人和事，你的睡眠质量会显著提高。

感恩之心能让你拥有更好的人际关系，不论是老的关系还是新的关系。记住别人是如何帮助你的，并对此心怀感激，能让你的生活变得更美好。感恩之心让你拥有更强的共情能力，如果你能真正明白别人是如何帮助了你，你也就更有可能理解别人的情绪。同时，感恩之心还能提升你的自尊心，因为当你感激别人对你的帮助时，就不太会因为自己需要别人的帮助而感到不满，也不会自我贬低。

但如今，主流文化似乎不太崇尚表达感激。布芮妮·布朗教授曾说，感恩似乎成了软弱的象征。感恩打破了我们绝对独立、自给自足的假象，感恩意味着你明白并且承认，你接受了来自他人的帮助。感恩，说明你并不是独立的个体，说明你并不能一切都依靠自己。因此，如果你想教孩子学会感恩，就不要在生活中滥用第一人称，比如："我真是太棒了，我独自完成了这一切，别人永远都不可能给我帮上忙。"

教孩子学会感恩，是育儿过程中非常重要的一课。你会为你的孩子付出很多，但随着他们越来越大（也越来越独立），你"做"的事会越来越少，但感恩之心能保证亲子关系坚固如初。养育孩子时，应当教他们学会感恩，但不要让他们感觉自己对你有所亏欠（这样容易滋生羞愧之情）。这样，随着孩子慢慢长大，你们之间的关系也会更加健康、成熟。我在学生中经常看到正反两面的案例：那些真正对父母的付出心存感激的人，和那些认为一切都是理所应当的人。

除了写感谢信，父母们还可以从日常细节着手，培养孩子表达感激的习惯。首先，让他们多说谢谢你，并且说的时候要发自内心。同时，也让他们看见你对人说谢谢。如果孩子能自然而然地说出"谢谢"，不再需要你时时提醒，你的教育就成功了。

在吃晚饭或家庭聚餐时，多问问对方今天过得怎么样。我的一个同事曾经对我说，他们家的家庭成员之间，经常互相问这三个问题："今天发生了什么愉快的事吗？你帮助了其他人吗？你和谁一起开怀大笑了？"

聊天时，可以多关注社会上那些我们习以为常，但其实值得感恩的事情。比如说，感谢地方政府让街道如此干净；感谢那些种出食物的农民们；感谢那些救死扶伤的人；感谢消防员。这在家庭中也同样适用，多关注每位家

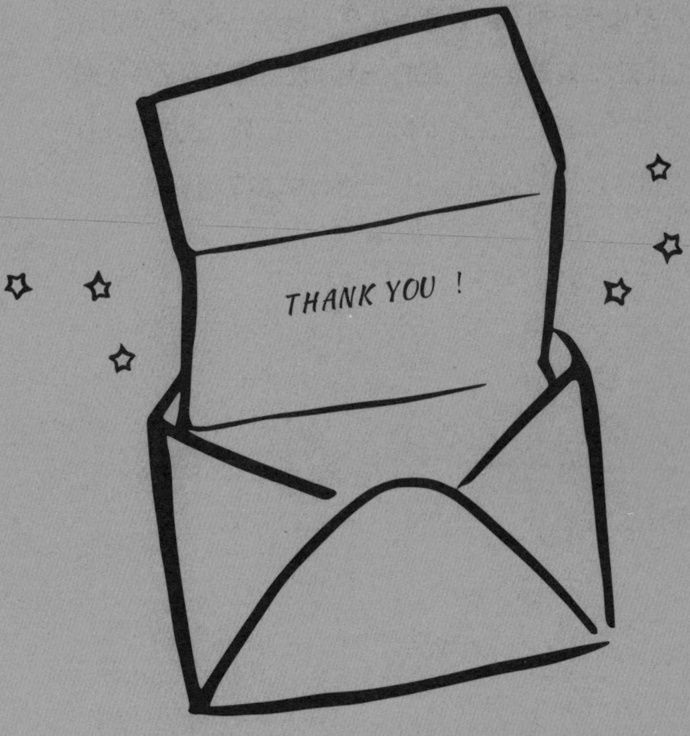
THANK YOU !

庭成员对这个家的贡献。

最后，要告诉孩子，面对自己已经拥有的东西，要感恩；面对自己想要拥有的东西，要努力的同时也要认清现实。不要让孩子拥有太多乱七八糟、根本用不着的东西，要让他们形成慈善意识。我的一个朋友给孩子立了一个规矩：每买一个新玩具，就要捐出一个旧玩具。这既能让孩子更懂得感恩，同时还能避免家里堆积太多杂物。

45. 加入体育队

如果你不太乐意让五岁以下的小孩爬树,请记住,在所有爬树的小孩中,只有2%的人会摔骨折;在所有被送入急诊室的未成年人中,4.3%都是由于体育运动受的伤。运动有时是很危险的,但对孩子们来说,又无比重要。

关于如何让孩子们——尤其是那些不爱运动的孩子们——动起来,已经有不少学者做过研究。此外,也有许多研究,专门探讨让孩子只专注于一项体育运动——大多数是竞技体育——的优势。但是那些中间的孩子们呢?那些无法参加竞技体育,但也不会一运动就又哭又闹,几乎得由父母扛着进入体育场的孩子们呢?毕竟,绝大多数孩子都在这个钟形曲线[1]的中间部分。

体育运动能很好地锻炼孩子们的身体,提高团队意

---

1 钟形曲线:又称正态曲线,它是一根两端低中间高的曲线。

识、沟通能力和韧性，还能让他们更具责任感。体育运动的这些益处，你们都是知道的。但是有研究表明，让孩子在很小的时候就专注训练一项体育运动，会让重复性劳损（这可是很危险的伤）的发生概率增高。同时，孩子参加体育运动时的压力也会增大，这可能会导致孩子完全对这项运动丧失兴趣，甚至拒绝继续参与其中。有些研究建议，孩子每周的运动训练时长不应超过他们的年龄——对一个九岁的孩子来说，一周训练九个小时实在是有些多。

团队精神与分工合作的能力，对孩子未来的发展十分重要。在我的教学生涯中，有一次，某个学校排名中等的无挡板篮球[1]队进入了半决赛，但是有一半的队员都没来，因为那天晚上某位流行歌星正在当地举办演唱会。我记得那个学校的女学生代表发表了一番精彩的演讲，提醒学生们，他们对自己的学校和球队负有责任，如果实在不能来，也不应该招呼都不打一声，直接玩失踪。有时候，孩子们确实不得不缺席某次训练或者某项比赛。尽管要尽量避免这种情况，但是如果无法避免，那么你能做的最好的

1　无挡板篮球：由篮球派生出来的一项以女子参与为主的球类运动。

选择，就是提前告知你的队友，并且肩负起自己应当承担的责任。

"加入体育队"不仅仅是指参与到这项体育运动中——戏剧社、校乐队、象棋队等这些社团活动也是同理。

通过集体活动，家长们还可以思考一个问题：你准备多大程度地参与到孩子的生活当中。朱蒂丝·洛克医生建议，不要每次孩子参加足球赛或者校音乐会，都爸爸妈妈、爷爷奶奶、外公外婆齐聚当场，这会让孩子觉得自己似乎就是世界的中心。你总有不能出席这些场合的时候，得和家里其他的大人们轮流着去，或者你是一位单亲家长，所以有时候，你需要孩子同学的父母带着两个孩子一起去。记住，孩子们对你参与度的期待，从很早很早就开始建立了，肯定比你想象的还要早。当你坐在那里，看着孩子比赛或者表演时，记住，你来这儿的目的既不是评头论足，也不是指导孩子（除非你就是教练）。你只要享受就好，并且让你的孩子也乐在其中。

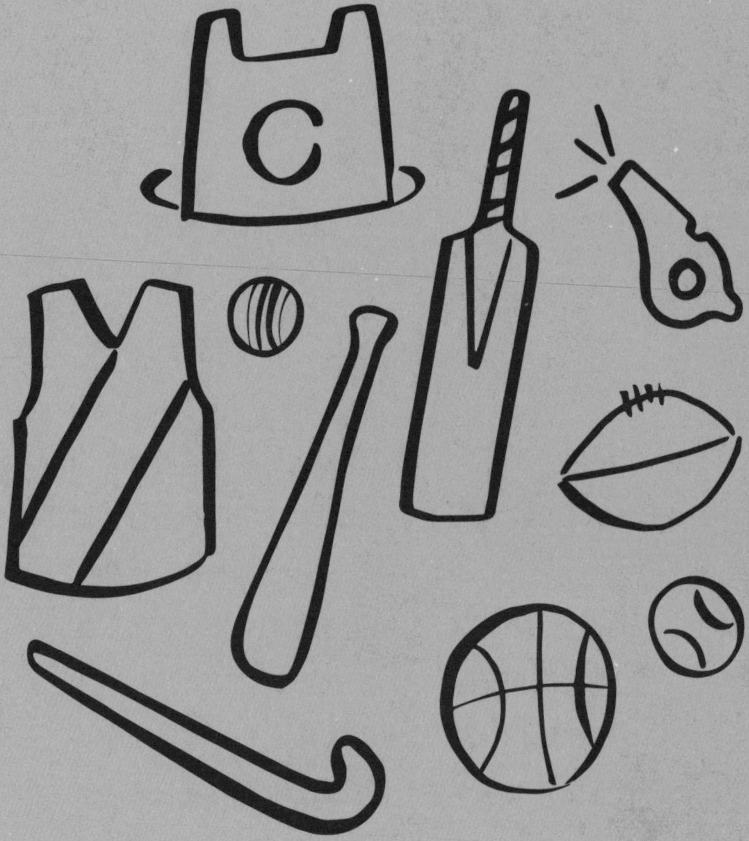
C

46. 露营

　　说实话,我真的不喜欢露营,但这是"全家游玩"和"锻炼孩子人格"必须得做的一项活动,所以我不得不把它囊括进这个清单里。虽然我不喜欢帐篷和睡袋,但和一群十四岁的孩子一起露营五天是我工作的一部分,所以我明白,自己一定能从露营中学到不少东西。

　　爱丽丝已经迫不及待地想去露营了——都怪《布鲁伊》偏偏要制作一集有关露营的动画。虽然她还没真正去过野外,但詹姆斯和杰克去过几次,而且完全迷上了这样的体验。在《与孩子一起露营》中,露营发烧友西蒙·麦格拉思写道:"露营能让生活节奏慢下来。我们可以停下

来，感受、触摸身边的大自然……我们能看着孩子们在自然中玩耍，自己去探索、发现这个世界。"

因此，尽管露营时到处是泥，而且很不舒服，但这些牺牲都是值得的。等孩子大一些之后，你甚至不需要再和他们一起露营了（相信你能看出来，我真的很不喜欢露营）。但是，如果你也很喜欢露营，那就可以和家人一起去户外活动、探险。

带孩子露营的工作，其实可以由父母二人分摊。这样，你们各自可以多一些单独与孩子们相处的机会。露营还能让孩子远离电子产品，放缓生活的步调，学会放

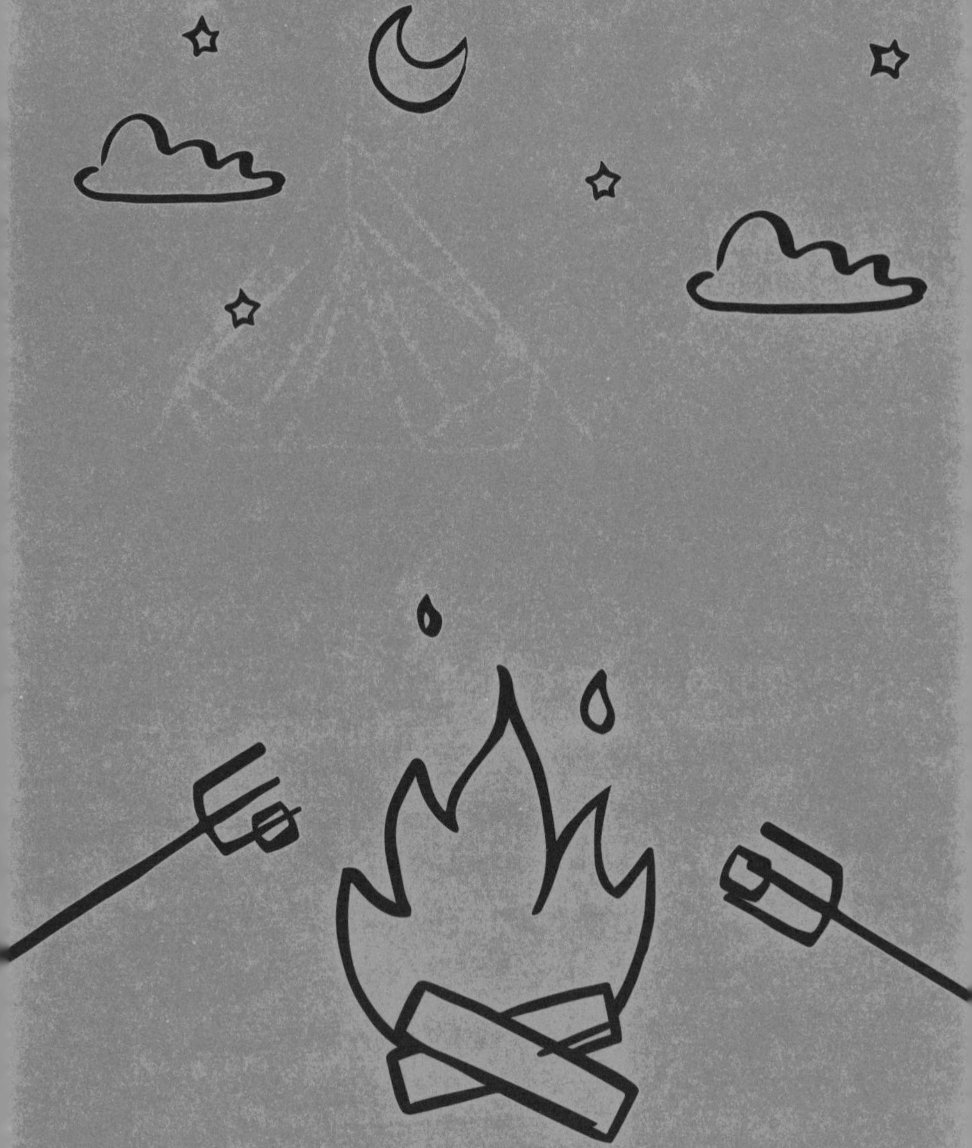

松。跟露营相关的其他冒险活动也很受孩子们的欢迎，如探险、在黑暗中上厕所（不论带不带上兔子形状的小夜灯）。当然了，他们最爱的还是生起营火，然后围坐在火边谈天说地。

47. 做手工

我痴迷于钩针编织和平针编织。别人看见我在织东西时，总会问这是谁教我的。答案是：我的祖母乔安娜和我的朋友朱莉，我也因此对她们二人十分感激。但我一边穿入、钩出，一边意识到，真正存在的问题其实并不只有字面上这一层含义——我们不再教孩子如何编织，这项技能已经近乎绝迹。这项冒险活动看似跟做手工艺有关，但你可以把它延伸到所有你自己会做，但是从没想过教给孩子的技能，或者是那些你父母会做，但没有教过你的技能（可以求助各大视频网站）。

做手工艺品是有风险的，因为你可能会搞砸；可能做错一步，就需要全部拆掉重来；可能会花好几个小时，但是什么都没有做出来。你会十分心烦意乱，但下次会做得更好。它和生活很像，你越多地练习做手工艺品，就越能适应生活中必经的那些沮丧和失望。

另一个教孩子手艺（任何手艺都行）的原因，是它能

提升孩子整体的幸福感。做手工时，人很容易进入心流状态，这在某种程度上可以达到冥想效果。大脑放松了，你得到了挑战，也体验了心烦意乱，而最终你会收获一种成就感。换句话说，做手工能增强人的毅力，培养成长型思维方式。

就算你不是特别喜欢做手工，但掌握某些基本的"手艺"是很重要的，如学会用刀，给衣服缝扣子、锁边、缝标签，等等。你不希望孩子长大成人了，连这些东西都不会吧。如果你的孩子现在五岁，那么在未来十三年里，你可要经常往衣服上缝些学校的标签。为什么不教会孩子，让他们自己来呢？

48. 一起制订旅行计划

　　全家一起旅行度假，需要做大量的计划和准备。假期的快乐是全家人一起享受，那么前期的准备工作也应该全家人一起做，对吧？但这么做之所以存在风险，是因为你需要给孩子解释很多事情，与他们讨论很多问题。不过，既然你已经教会了孩子如何处理分歧（参考冒险活动35），那么至少你们的讨论会是彬彬有礼、积极有效的。首先给你们的假期提出一些限定因素，如离家的远近、预算的多少，以及哪些地方绝对不能去。

　　让孩子们好好想想，他们在假期里到底想得到些什么。不要不好意思和孩子谈旅行的开销，你甚至可以跟孩

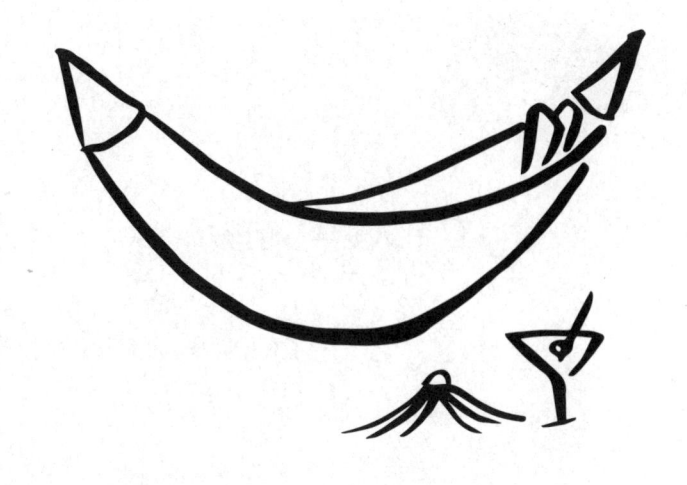

子解释为什么选择把钱花在全家旅行上。问问他们想在假期做些什么事（如游泳、和其他孩子一起玩等），也跟他们说说你想在假期做些什么事（如徒步、喝鸡尾酒等）。这能帮助孩子了解家人的需求和想法，也能让他们明白，组织一次全家旅行需要许多时间和精力。这么做不是为了让他们觉得对你有所亏欠，而是让他们懂得心存感激。

育儿风险

49. 培养有个人边界的孩子

在第35个冒险活动里,我提到过"深思熟虑型反叛者"这个概念,这类人总会先对当前发生的事情进行思考,再付诸行动。比如说,有些青少年,会在坐着超市手推车冲下斜坡之前,先思考这么做是不是个好主意。再比如有些人,当你对他说"我说什么就是什么"时,他会质疑你的权威。

深思熟虑型反叛者会这么做,是因为他们已经慢慢建立起了个人边界,并且正学着在生活中使用它。有些大人一生都没有发展出个人边界,因此对任何人任何事都点头同意。但作为父母,我们应当有个人边界,而且要把这个边界的内容清楚地告诉自己,也告诉孩子,这一点十分重要。布芮妮·布朗教授探讨过,父母要如何以身作则地向孩子展示打破个人边界的后果。如果你说不能再吃冰激凌

了，但又给他们冰激凌，这就会让孩子觉得界限是完全可以打破的。然而，严格遵守个人边界有时候会让你十分疲惫。有时候你会想，就让他们再吃一点冰激凌吧，或者就让他们再玩十分钟电子产品吧，但出尔反尔、随意更改界限、允许孩子得寸进尺，会让他们觉得完全没有必要尊重个人边界。

当孩子慢慢长大，尤其是进入青春期以后，你得让他们肩负起一些与年龄相匹配的责任，并承担这些责任可能带来的后果。这么做也会让你十分疲惫。有时候，与其三番五次地叫他们去洗自己的午餐盒，你自己动手帮他们洗反而更容易，但这样会妨碍他们培养独立性和责任感，也会让他们无法真正明白责任的含义是什么。如果晚饭后洗碗是他们的责任，但他们没洗，可是碗碟还是都收拾干净了，那把这项责任分配给他们还有什么意义呢？著名的心理自助书籍作者亨利·克劳德博士曾说，在育儿时强调个人边界，能让他们发展出"强烈的对自己人生的责任感"。

培养"边界"这件事，会让你的生活产生很多争端，尤其是当孩子在学校或者去其他孩子家里玩的时候，因为你的育儿方式和其他父母肯定存在差异。比如说，我在杰克的iPad上开启了屏幕使用时间功能，但其他父母可能没有这么做。我不是在批评这些父母。我选择启用这个功能，不代表我就比其他人更会教育孩子。我只是不想在一天之内反复问自己，他到底玩了多久《我的世界》。开启了屏幕使用时间功能之后，他玩三十分钟，屏幕就会锁起来。说句实话，我经常延长他的屏幕时间，但前提是他得做些家务，或者读些书。杰克老是跟我抱怨："别的孩子都没有屏幕使用时间的限制，为什么就我有呢？这不公平。"但我必须对自己制定的规则有信心，我必须为我的边界辩解，让杰克明白为什么他需要遵守的规则和别人不一样。

归根到底，重要的并不是规则，也不是他到底玩《我的世界》玩了多久。重要的是，要让孩子们意识到，你对他们的教育是有明确边界的。这样，他们才会学着尊重这些边界。同时还能帮助他们建立自己的个人边界，提高批判性思维的能力。这意味着，他们日后想坐在手推车里冲下斜坡时，会先停下来思考一下，这么做是不是个好主意。也许思考过后，他们还是这么干了，但至少他们有停下来思考的过程。只要养成了这个好习惯，那么也许下一次，他们就不会这么干了。

终极冒险

可能没有读者会把这本书中的冒险活动按照顺序一个一个地做下来，但我认为，以这个冒险活动来收尾十分重要。如果你是那种拿到书就喜欢翻看最后几页的读者，也可以以这个冒险活动来作为开头！

50. 开诚布公地和孩子谈一谈"风险"

在我们的社会,"风险"这个词总是带着些负面的含义。希望你在读完这本书之后,看待风险的眼光能有所发展,你能接受它、控制它,而不是完全地敬而远之。如果你完全不让自己的孩子暴露在任何风险之下,也不和他们谈及风险这件事,那么他们永远无法成熟地评估风险,也会永远因为风险而感到焦虑。让孩子进行有风险、有挑战性的活动,能锻炼他们面对挫折时的能力,但这还不够,我们还要改变与他们谈论风险时的方式和口吻。

风险是一个需要所有人开诚布公的话题。如果你的孩子想做某件事,和他们谈谈可能产生的结果是什么,谈谈有多大的概率会导致不好的后果,以及这些后果发生后他们要如何应对。

在积极心理学中有一个概念,叫作"主动建设性回应"。当一个人告诉你一件事时,你的回应一般可以分为四类,详情请见右侧的示意图。

	主动 ACTIVE	被动 PASSIVE
建设性 CONSTRUCTIVE	真诚、热情地表示支持	安静、延迟地回应
破坏性 DESTRUCTIVE	羞辱、贬低、看轻	躲避、无视

每当孩子想做一些有风险的事时，父母们总是很容易进入过度保护模式，开始设想可能发生的最坏结果。比如，你九岁的孩子走过来跟你说，他的同学全家要一起去冲浪，也邀请了他。有些主动破坏性的回应是："我以为你很讨厌大海呢"或者"如果你受伤了怎么办呢？"在涉及风险的对话中，这类回应是最糟糕的，因为你会让孩子觉得，风险的存在可以成为一个人不做某件事的理由。而被动破坏性的回应是，决定不让他们去，但是行动上采取忽略的战术："好吧，是时候吃晚饭了。"被动建设性回应跟不回应差不多，比如"唔，我们可以等会儿再聊这件事"，这么说仍然是在给孩子泼冷水。

你应该采取主动建设性的回应方式，真诚地询问他这件事的更多细节，和他一起讨论，然后再做决定。一个简单的处理原则就是，问他们这三个问题："你们要去哪里冲浪？需要带些什么东西？还有谁要去？"给出积极的第一反馈，能让对话更好地进行下去。我不是让父母们对风险不管不顾，也不是说一定要答应让孩子去冲浪，我的意思是，不要立刻就谈及风险，以此来打消孩子的想法。

"多个角度看问题"是很有好处的。宾夕法尼亚大学的积极心理学部门建议，首先问问自己可能发生的最坏结果是什么（大多数时候，这个问题是我们不用想也会问的），然后问问自己可能发生的最好结果是什么，最后问问自己最可能出现的结果是什么。如果在这三种情况下，你都知道自己该怎么做，那么你就不太可能急匆匆地去做一些非常愚蠢的事——就算你做了，至少你也知道后果是什么。

当你的孩子慢慢接近青春期，"风险"这个名词，会被"危险的"这个形容词所取代。青少年经常会尝试危险的行为，大部分时候，这都被看成一件坏事。但其实他们这么做，不仅跟他们的神经系统发展有关，还有很多社会和情感的诱因。随着我们长大成人，大脑可以更全面地思考一个决定可能带来的所有结果，并更有逻辑地评估这些结果。我们能明白事情发生的潜在背景，并在做决定时考虑到这些背景。但在青少年时期，这项技能还在发展的过程之中。（丹尼尔·席格医生在他的书《头脑风暴》中详细介绍了多巴胺和青少年大脑发育的关系。）因此，用正确的语言和孩子讨论风险、后果和有效的应对方式，能帮助他们做出更正确的决定。如果你能多多培养孩子的自我意识，让他们成为深思熟虑型的反叛者，那么他们在行动之前就会思考，会有效地权衡利弊。这意味着，他们能更好地明白冒险行为可能导致的各种结果。

因此，和孩子开诚布公地谈谈吧，不仅要谈冒险可能产生的结果，还要谈如何在它们之间做出权衡。告诉他们，即使你不允许他们做某些事，但你并没有关上沟通的大门。一旦涉及冒险这个话题，你能给孩子最好的保护，就是建立起充满信任感和连接感的亲子关系，让他们明白充斥在生活中的各种风险——身体上的、情感上的、人际关系上的……同时也要让他们明白，你爱他们，支持他们，他们可以放心大胆地做出决定。

致谢

如果没有家人对我的爱和支持，我不可能写出这本书，也不可能拥有现在的人生。我的父母，马尔科姆和露西，在二十世纪八十年代中期养大了我和我的哥哥，艾利克斯。正因为这样的成长背景，我才会明白好的育儿方式到底是什么样的。他们总是教育我和哥哥，要对世界充满好奇心，要善良，要懂得感恩，也要懂得奉献。我为人母之后，在那段白天焦虑、夜晚失眠的日子里，是他们的智慧和幽默感给了我力量。我母亲欣然接受了自己外婆的身份，卷起袖子就上了岗。我父亲跟孩子们说话时总是十分亲和，他会尊重他们，跟他们讲道理，对待自己的外孙时，尤其如此。

我的哥哥艾利克斯、他的妻子伊冯以及他们的孩子艾拉和罗南大部分时候都在外国生活，但不论是线下还是线上，孩子们还是能一起共享一些时光，这让我心怀感激。

我们对父亲的所有美好期待，詹姆斯身上都有。他充满惊喜、热爱冒险；能和孩子一起踢足球，也能和他们一起玩变装；他喜欢有挑战性的讨论，在需要的时候又能拿出军队指挥官的气势，尤其是在让孩子们赶紧把鞋穿上的时候。谢谢你在我写作时对我的鼓励。

"养育一个小孩需要一整个村庄来参与"，而我的"村庄"棒极了。从第一天起，苏妮塔和凯利就一直关心着我，和我交流为人母的心得。莫琳和托德与我和詹姆斯经历了同样的旅程，虽然我们之间的距离很远，但他们的爱与支持却从未中断。我加入"职业母亲俱乐部"时，玛丽亚·奥布莱恩伸出双臂欢迎了我，如今，她是我不断续缴会员费的原因。安德鲁知道无数个往孩子的食物里多掺蔬菜的方法。圣卢克学校的所有学生、老师和家长热情地接纳了我和我的孩子们，他们的行为让我热爱上帝，同时给了我无数有益的、育儿方面的建议和经验。杰克和爱丽丝的老师们，让他们变得更有好奇心，更加善良。还有所有的保姆、所有能哄杰克听话的人，以及所有帮助过我们的善良的人。琳达和凯——所有小女孩心目中最完美的一对大朋友。菲丽希缇、贝克、海伦娜、波琳、玛丽埃勒、乔治亚、印蒂维和我所有的闺密们，谢谢你们所做的一切。

我还要感谢那些在我反复陷入冒名顶替综合征[1]时，握住我的手、给予我安慰的朋友们。他们发短信来分享自己的经验和智慧，和我一起出去散步、喝咖啡，使我在初为人母的疯狂之中还能开怀大笑。我最好的朋友梅丽莎·陈，在疫情期间和两岁的孩子、刚出生的婴儿一起被关在家里，但还是抽出时间读完了整本书稿，并提出自己的看法。阿米莉亚和JT无数次让我大笑、给我打气，还向我推荐了许多好音乐。安德鲁和卢，谢谢你们的爱和点心。从很久以前开始——久到我们俩都不记得到底有多久了——莎莉和我就如同姐妹一般；现在，她是孩子们的莎莎阿姨，而且已经在模拟法庭上输给杰克一次了。谢谢你对我的帮助，谢谢你永远都是对的。米尔希一直非常善解人意，是她提醒了我：除育儿之外，我还有属于自己的生活。谢谢你在我从"生命热线"下班的路上给我打电话聊天。谢谢贝文随时随地和我短信聊天，给我穿搭方面的建议。我和库米是先在推特上认识，然后才变为现实生活中

---

[1] 冒名顶替综合征：患有冒名顶替症候群的人无法将自己的成功归因于自己的能力，并总是担心有朝一日会被他人识破自己其实是骗子这件事。

的好友，但对我而言，她不仅仅是一个网友。在我人生最不顺利的那几年，她一直支持着我，一直告诉我要相信自己的直觉。谢谢一直都说大实话的李。谢谢一解封就开车来找我的梅尔。谢谢一直给我建议的克里斯汀、杰丝和贝克。谢谢利赛。

这一路上，有许多优秀的职业母亲一直给予我爱和支持，尤其是贝克·赫伯特、乔·格拉芬和凯莉·麦库拉。如果没有你们的友谊和经验、建议，我不可能写出这本书。我期待着不久之后的某一天，能再次和你们一起旅行、探险。

我在圣凯瑟琳学校的同事们，能把最令人沮丧的一天变得充满欢声笑语，而当学生们获得成功时，他们能把那欢愉扩大十倍百倍。当我还是个初出茅庐的教师时，我们负责人事的头儿，比阿特丽斯·卡特里奇，让我进入历史课教室里旁听。她讲的故事总是特别能让人听进去，这让我惊叹不已。

我要感谢伊莉丝·里德做出的杰出贡献——不仅是对这本书的编辑工作，更是对我的人生。她是全世界最好的工作上的"贤内助"。风趣幽默的凯莉·威尔逊不仅是个很棒的朋友，还是个很棒的宗教导师。朱莉·汤森德是圣凯瑟琳学校最能鼓舞人心的领导者,因为她也曾经在有一份全职工作的情况下,养大了自己的孩子。当爱丽丝只有六周大时,她提拔我做了积极心理学部门主任,用行动告诉我,工作和母职不会互相牵制,职业母亲也可以做到任何事(那时候的我甚至都不相信这一点)。因此,我才走上了这条研究积极心理学、健康规划和韧性的道路。接着,我非常幸运地获得了和戴布·克兰西共事的机会,她是我所遇见的上司中最不打马虎眼,也最慷慨善良的。她非常信任自己的手下们,给了我很多鼓励和支持,对此我十分感激。谢谢神奇的索尼娅,学校里一千多名学生什么时候,在哪里,在做些什么,她似乎全都清楚。

我曾经负责过哈迪·格兰特(Hardie Grant)出版社另一本书的校对工作,因此结识了出版社的工作团队。阿尔温·萨默斯是一位非常优秀的编辑,我和她经常聊一些和韧性有关的话题,没想到聊天时半开玩笑地提出的那些想法,最终成就了这本书。我想,正是由于她的监督,这一切才能实现。阿尔温对自己的工作非常有热情,为了检验书中的这些冒险活动,她甚至决定自己去生个孩子,后来我便开始和另一位优秀的编辑艾米丽·哈特共事。居家办公期间,我们虽然在不同州,很多事情却总能很快达成一致,尤其在对音乐剧的喜好上。还有凡妮莎·拉娜维,她也是一名非常优秀的文案编辑。同时,感谢本书的插画师辛妮德·墨菲,虽然我们从未谋面,但你的作品完美地契合了我的性格和我想传达给读者的信息。

还要感谢那些在疫情封锁期间读了我的书的朋友们和同事们,感谢你们的反馈:费欧娜·马丁、安娜贝尔·克拉布、莉诺·斯科纳兹、伊恩·希克、麦当娜·金,当然还有朱蒂丝·洛克,感谢她精彩的前言。

这本书是跟小孩有关的,所以我想在这里感谢一些非常重要的小朋友们。我的教子和教女——爱德华、查理和贝蒂-罗丝·约翰-奥布莱恩;麦克斯和乔治娜·克鲁格曼;温斯顿·霍华德。你们的父母都非常优秀,在他们的培养下,你们将来也会变得非常优秀,但请别忘了,我一直都在这里,如果你们需要找人倾诉,我就在电话的那一头,或者在教堂的长椅上、游乐场里拿着一杯宝宝奇诺,你们可以随时来找我。作为你们的教母,或许我应该对你们引用《歌罗西书》[1]第三章第二十节的内容,告诉你们一

---

1 《歌罗西书》:《新约圣经》全书中的第十二本书。

切都要听从父母,但我并不想这么做。我只想提醒你们:对待他人要善良,要怀着恻隐之心,要学会宽容。

最后,我要感谢那两个让我成为母亲的小朋友,杰克和爱丽丝。你们每天都让我露出笑容,你们挑战着我的心智、开阔着我的心胸,你们是我此生的挚爱。你们每天都在变得更加坚强、正直、善良,更加有思考和共情的能力。杰克,你才七岁,就已经很能体会他人的感受,甚至比有些成年人还要强。保持这一点,这是个多么优秀的品质啊。爱丽丝,你如此坚强,意志如此坚定,我希望你永远不要被其他人和事所动摇。我期待着能和你们一起完成这所有的冒险,也期待看着你们成为更善良、慷慨和坚强的人。